KB114348

60대 영알못 엄마와 30대 회사원 딸의 좌충우돌 외국인 홈스테이 운영기

웰컴 투
서울홈스테이

60대 영알못 엄마와 30대 회사원 딸의 좌충우돌 외국인 홈스테이 운영기

웰컴 투
서울홈스테이

윤여름 지음

푸른향기
Prunbook Publishing Co.

미(美)친 도시 서울, 그래도 서울

엄마와 나는 둘 다 호랑이띠인 것만 빼고 모든 것이 다르다. 어렸을 때부터 아빠가 "우리 집 호랑이 두 마리가 맨날 싸운다."라고 할 정도로 엄마와 나는 트러블이 많았다. 엄마의 말에 순종적이었던 언니, 동생과 달리 나는 내 주장이 강한 편이었다. 엄마는 사람들이 언니와 나를 "쌍둥이 같아요." 라고 얘기하는 게 좋았는지 어렸을 때 언니와 나에게 똑같은 옷을 입히곤 했다. 나는 그게 너무 싫었다. (미취학 아동의 기억이 이렇게까지 생생한 걸 보면 정

말 싫었나 보다.) 내가 싫다고 하면 엄마는 "세상의 둘째는 다 너같이 말을 안 듣냐?"며 별종 취급했다.

엄마는 더위를 무척 타고 나는 추위를 무엇보다 싫어한다. 여름만 되면 엄마는 땀을 줄줄 흘리면서 더워서 못 살겠다고 하고, 나는 초가을부터 수면 양말을 꺼내 신는다. 엄마는 삼시 세끼를 모두 잘, 많이 챙겨 먹는 사람이고, 나는 소식해야 하는 전형적인 소음인 체질이다. 엄마는 언제나 먹는 것을 가장 중요하게 생각했고, 나는 그것을 집착이라고 했다. 어렸을 때 소화가 안 되는 날에도 엄마 잔소리가 듣기 싫어 그냥 밥을 억지로 먹고 속이 안 좋았던 적이 한두 번이 아니다. 엄마 목소리는 또 얼마나 큰지 집에서 전화 한 번 하면 집이 떠나갈 듯하다. 작은 소리에도 민감한 나는 엄마 발소리에도 깜짝깜짝 놀랄 때가 많았다. 엄마는 모든 일을 빠르게 처리한다. 하지만 나는 기질적으로 천천히 하는 걸 좋아하는 사람이다. 천천히 먹고 천천히 샤워하고 천천히 책을 보고(친구들이 '호들갑퍼'라고 할 만큼 때로 호들갑스러운 사람이기도 하지만), 엄마는 무엇이든 빨리 먹고 샤워도 5분이면 하고 책보다 텔레비전이랑 친한 사람이다.

엄마가 내 엄마가 아닌, 나와 피로 맺어지지 않은 타인이었다면 우리의 관계는 어땠을까를 종종 생각한다. 답은 두 가지다. 서로의 좋은 면만 봐서 일 년에 한두 번 명절에 인사하며 그저 그런 '아는 사람' 정도로 지냈거나, 서로에 대해 잘 알아서 '저 사람은 나랑 절대 안 맞는 사람이야.'라고 생각해 친해지기 전에 철벽을 치는 관계였을 것이다. 하지만 나는 엄마의 딸로 태어났고, 엄마는 나의 엄마로 태어났다. 이렇게 극과 극처럼 다른 우리는 애증으로 똘똘 뭉쳐진 '엄마와 딸' 관계이다.

내가 회사원이 된 후 회사원의 삶도 '엄마와 딸' 관계와 똑 닮았다. 술을 전혀 못 하는 나는 회사에서 언제나 특이한 사람 취급을 받았다. 자의든 타의든 직장인들이 마시는 술의 양에 항상 놀란다. 나 빼고 다들 어찌나 그렇게 잘 마시는지…. 가끔 내일이 없는 것처럼 술을 마시는 동료들을 보며 존경의 눈빛을 보낸다. 누가 제일 부지런한가를 다투기라도 하듯 새벽 시간에도 콩나물시루처럼 꽉 찬 지하철. 이미 빨리하고 있는데 빨리 빨리를 외치는 사람들. 하루가 다르게 바뀌는 매장들과 넘쳐나는 광고판. 그렇게 회사생활과 서울살이에 염증을 느낄 때면 휴가차 떠난 외국에서 잠시나마 여유와 자유를 느꼈다. 숨이 꼴딱꼴딱 넘어갈 것 같은 순간에 찾아오는 잠깐의 휴식이었다.

엄마와 서울에 대해 느끼는 양가감정이 나를 혼란스럽게 할 때 해답을 준 게 바로 '서울홈스테이'다. 한국이 좋아서 서울에 온 외국인 게스트를 통해 이곳이 얼마나 매력적인 도시인지, 한글이 얼마나 아름다운지, K-pop이 어떻게 외국인들을 춤추게 하는지, 서울이 얼마나 에너지를 주는 도시인지, 그들이 나에게 알려주고 들려주고 보여주었다. 처음 걱정과는 달리 엄마도

서울홈스테이에 완벽 적응했다. 비록 영어가 안 통해도 손짓, 발짓, 온갖 표정을 써가며 외국인과 의사소통에 문제가 없었다. 게스트의 눈치를 보는 나와 달리 엄마는 중심을 잡고 홈스테이를 잘 운영해나갔다. 전업주부 엄마가 아닌 서울홈스테이 대표 최순례로서의 새로운 엄마를 발견했다.

서울홈스테이를 시작한 이후로 변화가 생겼다. 그렇게 기다려온 휴가지나 선망하던 외국에서, 그새 서울을 그리워하고 있었다. 시간만 있으면 어디든 떠나려고 했던 내가, 한국만 아니면 모든 것이 좋다던 내가 '세상 어디를 가도 서울보다 멋진 도시는 없다.'고 느끼는 서울의 지지자이자 광팬이 된 것이다. 미세먼지와 콘크리트 정글로 현기증이 올라올 것 같다가도 다이내믹한 에너지를 지닌 서울을.

서울이 그대를 속일지라도 슬퍼하지 말라. 지구 반대편에서 누군가는 미친 듯이 열망하는 이 아름다운 도시, 서울에서 그대는 살고 있다.

Contents

Chapter 3　외국인 홈스테이, 나도 할 수 있을까?

🏠 일러두기

생동감 전달을 위해 맞춤법은 틀리지만,
대화 내용을 그대로 사용한 경우도 있습니다.

🏠 책 속의 용어정리

홈스테이(homestay): 외국인 하숙

호스트(host): 하숙집 주인

게스트(guest): 우리 집에서 투숙하는 외국인 손님

체크인(check in): 게스트가 우리 집에 도착

체크아웃(check out): 게스트가 우리 집을 떠남

에어비앤비(Airbnb): 세계 최대 숙박 공유 서비스

Chapter

1

홈스테이 오픈 준비

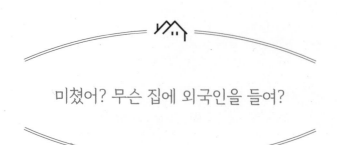

미쳤어? 무슨 집에 외국인을 들여?

"미쳤어? 무슨 집에 외국인을 들여?"

내가 엄마한테 집에서 에어비앤비를 해보는 게 어떻겠냐고 물어보자 날 아온 두 번째 대답이었다. 첫 번째 대답은 이랬다.

엄마: 에어비앤비가 뭔데?

여름: 에어비앤비는 하숙이라고 보면 돼, 엄마 아빠랑 신혼 때 하숙

했었다고 했잖아. 그거랑 똑같아. 근데 들어오는 사람이 외국
인인 거지. 이게 요즘 되게 유행하는 건데….

엄마: 미쳤어? 무슨 집에 외국인을 들여? 내가 영어 한마디도 못 하
는데 무슨 외국인이야. 쓸데없는 소리를 해. 그러다가 무슨 일
이라도 생기면 어떻게 하려고.

여름: 여자 게스트만 받으면 되지. 그냥 엄마가 했던 하숙이랑 똑같
다니까. 우리 밥 먹는 거에 숟가락 하나만 더 놓으면 되고 엄
마 청소할 때 그냥 청소하면서 돈 벌 수….

엄마: 미친 소리 하지 마.

엄마의 대답은 단호하면서도 살벌했다. 때는 2015년 어느 날. 문득 우리 집 빈방이 내 눈에 들어왔다. 우리 집 안방은 홈스테이하기에 완벽했다. 햇빛이 잘 드는 화장실 딸린 넓은 방, 오래된 집이지만 깔끔했고, 가구 배치만 조금 바꾸면 여행객을 위한 완벽한 방으로 바꿀 수 있는…. 외국인들과 함께 하하하 떠들고 사랑과 활기가 넘치는 우리 집 게스트하우스! 영화 「비긴 어게인」에서 노래 부르는 그레타를 보며 완벽한 곡을 상상하는 댄이 바로 내 모습이었다.

하지만 넘어야 할 산이 너무나 많았다. 가장 큰 산은 에어비앤비를 직접 운영해야 할 엄마를 설득하는 일. 엄마가 영어를 아예 못하기 때문에 지레

겁을 먹은 것이지, 시작하고 보면 엄마도 분명히 좋아할 거라는 강한 확신이 들었고 설득에 들어갔다.

> 엄마: 내가 영어도 못 하는데 그런 걸 어떻게 하니?
> 여름: 엄마, 걱정하지 마. 그건 내가 다 알아서 할게. 엄마는 밥하고 청소만 해주면 돼.
> 여름: 엄마, 장군이[1] 생각해봐, 장군이 외국에서 공부하는데 얼마나 힘들겠어. 우리가 외국 학생들한테 잘해주면 분명 그 덕이 장군이한테 돌아갈 거야.
> 엄마: 말이 되는 소리를 해라.

이런, 엄마의 아킬레스건인 남동생 카드를 꺼내도 먹히지 않는다니.

> 여름: 일단 해보자. 해보고 사람 안 오면 안 하는 거고, 오면 한 번 해보는 거고, 엄마도 용돈도 벌고 좋잖아.
> 엄마: 청소하고 밥하는 거야 일도 아니지~ 근데 우리 집에 진짜 누가 올까? 우리 동네에 지하철역도 없고 관광지도 아닌데….

---

1) 남동생의 별명. 현재 미국에서 유학 중

여름: 당연히 오지. 엄마! 나 경영학과 나왔잖아! 나만 믿어. 영업은 내가 할게. 엄마가 세상에서 제일 잘하는 게 뭐야? 청소랑 요리, 그리고 들이대기잖아! 엄마 음식 먹으면 외국 애들이 뿅 갈 걸~! 우리 한 번 해보자.

엄마: 청소랑 요리 못 하는 사람이 어디 있어, 그게 뭐라고.

당시 엄마의 큰 고민은 재정이었기 때문에, 내가 협상 테이블에 내민 엄마의 걱정거리 카드가 결국 통했고, 결재는 떨어졌다. 가장 큰 산은 넘은 것이다.

> 엄마: 그래, 뭐 네가 정 그러면 한 번 해봐. 근데 사람이 들어오겠
> 어? 이런 곳에….

엄마가 일단 허락은 했지만, 외국인이 절대 우리 집에 올 리 없다는 확고한 믿음 때문에 그 순간을 모면하고 싶어 허락했다는 걸 알고 있었다. 이후에도 첫 게스트가 들어올 때까지 똑같은 소리를 천 번은 들어야 했으니까. 하지만 두고 보시라. 이건 집착이 아니라 집념이라는 것을 보여줄 테니까. 서울에 오는 1,142만 명[2] 외국인 중 한 명만, 한 명만, 딱 한 명만 해보고, 아니면 말자.

나비효과. 어느 한 곳에서 일어난 작은 나비의 날갯짓이 뉴욕에 태풍을 일으킬 수 있다는 이론. 호기롭게 시작한 이 프로젝트가 어떤 결과를 불러올지 예상하지 못한 채 나는 무작정 일을 벌였고, 그것을 '2015 Effect'라고 부른다. 2015년 홈스테이 시작 이래로 서울홈스테이는 엄마와 나, 그리고 우리 삶의 많은 것을 바꾸어 놓았다.

---

2) 2014년 기준 서울 방문 외국인 관광객 추이. 한국관광공사

평범한 회사원의 시크릿한 이중생활

- 낮에는 회사원, 밤에는 홈스테이 영업사원

365일 공실률 0% 부푼 꿈을 꾸며 당장 우리 집 안방 사진을 휴대폰으로 찍어 에어비앤비 웹사이트[3]에 올렸다. 객실 사진과 화장실, 그리고 엄마와 내 사진을 올린 뒤 우리 집에 대한 간략한 설명을 써놓았다. 그런데 에어비

---

3) https://www.airbnb.co.kr/

앤비에 올리기만 하면 연락이 올 거라고 확신했던 내 기대와는 달리 일주일이 지나도 아무런 문의도 들어오지 않았다. 일주일, 이주일이 지나도 예약은커녕 문의조차 오지 않으니 시작 전 불타올랐던 열정은 온데간데없이 사라지고 슬슬 포기할까 하는 생각마저 들었다.

'와, 이건 게임이 안 되네….'

에어비앤비 다른 호스트들의 객실 사진을 천천히 훑어보았다. 아무리 저렴한 가격에 올린 우리 집 안방이었지만, 사진 퀄리티 차이가 너무 많이 났다. 게다가 이미 에어비앤비에는 너무나 많은 호스트가 우리 집보다 훨씬 좋은 숙소를 합리적인 가격으로 홍보하고 있었다. 인테리어를 뜯어고치지 않는 이상 게임이 될 수 없는 싸움이었다. 첫 욕심에 엄마에게 인테리어를 조금 바꿔보자, 도배를 다시 해보자, 가구를 새로 사 보자는 등 제안을 했지만, 엄마는 초기 투자 비용을 0원으로 해야지만 승낙하겠다고 했다. (어차피 돈은 내가 낼 건데….)

에어비앤비의 다른 집들과 우리 집의 차이점이 또 눈에 띄었다. 에어비앤비에 올라와 있는 대다수의 숙소는 집주인과 함께 지내지 않아도 되는 곳이었다. 집 전체를 빌려주는 숙소가 많았기 때문에, 사생활이 보장되는 숙소를 찾는 여행객은 그런 숙소를 선호했다. 경쟁자를 파악한 후 나는 선택의 갈림길에 섰다.

'우리 집은 영 가능성이 없어 보이는데, 그냥 포기할까.'

'엄마한테 그렇게 큰소리 땅땅 쳤는데… 여기서 포기할 수는 없지. 한 번만 더 도전해 보자.'

나는 다시 처음으로 돌아가 우리 집의 강점과 약점, 그리고 객관적으로 가능한 사업인지 분석에 들어갔다. 이래 봐도 경영학과 출신! 회사 입사 4년차. 이 사업이 아니면 난 잘린다! 일이라고 생각하고 다시 원점으로 돌아가 보자.

🏠 강점

– 엄마가 직접 만들어주는 한국식, 건강식 아침&저녁 식사

– 개인 화장실 딸린 넓은 방. 다른 곳 대비 매우 저렴한 가격

– 근처에 대학교가 많음(연세대, 이화여대, 서강대, 홍대, 명지대)

🏠 약점

– 교통편(근처 버스는 많지만, 지하철역이 없다)

– 우리 가족과 함께 살아야 한다(한국어를 공부하는 외국인에겐 장점일 수 있음).

– 엄마가 영어를 못함(수다쟁이 엄마가 영어를 못하는 건 좋은 점일 수도).

🏠 홍보전략

– 우리 집은 장기간 머무는 홈스테이가 적정.

– 타깃 고객: 장기간(1~6개월) 유학생 또는 여행객

결론

외국인 하숙 = 홈스테이

이렇게 결론을 내리니 '홈스테이'라는 키워드가 나왔다. 그렇게 나는 투잡러 생활을 시작했다. 매일 아침 6시 반에 일어나 출근하고 퇴근하면 녹초가 되어 들어와 씻고 자기도 바빴던 시절. 일단 한 명만이라도 해보자. 시작했으면, 칼을 뽑았으면 무라도 썰어야지! 엄마 앞에서 그렇게 당당히 소리쳤는데…. 알 수 없는 열의와 열정으로 우리 집을 팔기 위해 열심히 온라인에서 손품을 팔며 밤이면 밤마다 영업을 뛰었다. 에어비앤비보다는 홈스테이 관련 웹사이트에 우리 집을 홍보하고 엄마와 내 사진, 엄마가 만든 음식사진 등을 올려 교환학생이나 유학생들이 머물기에 안전한 집임을 강조했다. 비록 다른 방들처럼 화려하진 않지만, 진짜 한국 가족을 만나 엎치락뒤치락 다이내믹 서울을 체험해 볼 수 있는 하숙, 아니 글로벌 스탠더드에 맞춰 홈스테이. '홈스테이로 접근하면 한번 해볼 만하겠는데.' 했던 나의 전략은 바로 통했다. 우리 집 홈스테이 이름을 '서울홈스테이(Seoul Homestay)'로 정하고 서대문구청에 들러 '외국인관광 도시민박업' 등록까지 마쳤다. 며칠 뒤 숙소 문의가 들어왔고, 몇 차례 대화 끝에 첫 손님이 우리 집을 예약했다. 드디어 시작이다!

적은 내부에 있다

엄마는 62년생, 호랑이띠, 평생 전업주부

엄마는 전형적인 대한민국 평범한 아줌마이다. 토끼 같은 자식 셋을 키워온 엄마이자 한 가장의 아내였던 평범한 우리 엄마. 엄마를 위해 시작한 홈스테이였지만, 결국 엄마가 전부 해야 할 일이었다. 홍보하고 손님을 구하고 이런 일련의 과정들은 내가 하지만, 실질적인 운영은 엄마가 해야 했다.

나는 아침 일찍 출근하고 저녁에 돌아오는 서울홈스테이 열정페이 아르바이트생이지만, 엄마는 그게 아니었다. 직접 요리하고 청소하고, 손님과 마주치고 이야기하고…. 나는 그런 점을 너무 쉽게 생각했다.

"엄마, 엄마, 이렇게, 이렇게 하면 돼 알았지? 어차피 영어는 안 통하니까 너무 말 많이 하지 말고, 그럼 그 외국인 손님 머리 아파해."

"엄마, 엄마, 그게 아니라 이렇게 해야지. 내가 여기 써 놨으니까 이렇게만 하면 돼 알았지?"

나는 마치 내가 밥로스[4] 아저씨라고 생각했나 보다. 엄마한테 이렇게 이렇게 알려주면 엄마도 이렇게 이렇게 할 줄 알았다. 하지만 어디 그게 내 마음대로 될 리가 있나. 서울홈스테이를 시작하고 1년 동안은 참으로 많은 역경과 고난을 겪었다. 물론 지금도 조금은, 가끔은….

외국인 손님과 함께 지내지 않는 에어비앤비나 숙박업을 한다면 상관이 없다. 그냥 사람이 살아가면서 지켜야 할 예의만 지키면 되니까. 눈에 보이는 것, 가시적인 것들 위주로 신경 쓰면 되니까. 하지만 합법적으로 숙박업을 할 수 있는 외국인관광 도시민박업은 꼭 집주인이 함께 살고 있어야 하며, 이 외국인관광 도시민박업을 준비하고 있는 호스트라면, 신경 써야 할 것들이 눈에 보이는 게 다가 아니다. 외국에서 살아본 경험이나 여행을 많

---

4) 미국의 화가. "그림, 참 쉽죠?" 대사로 유명하다.

이 다녀본 사람이라면 어느 정도는 인지하고 있겠지만, 그렇지 않은 평범한 대한민국 전업주부로만 평생 살아온 엄마에겐 넘어야 할 산이 많았다.

너무 친절한 대한민국 오지라퍼 엄마

엄마는 위에서도 언급했듯이, 대한민국의 정 많은(가끔 투머치) 아줌마이다. 서울홈스테이 대부분의 게스트는 아침과 저녁을 먹고 있는데, 대한민국 대표 오지라퍼인 엄마는 오는 외국인 손님들에게 엄청난 양의 밥과 반찬을 주었다. 게다가 엄마가 많이 먹어서 항상 본인의 양에 맞춰 식사를 준비하고 있었으니, 한국 음식을 아무리 잘 먹는 외국인일지라도 평소 먹어온 음식과 달라 많이 먹기 힘들 수 있다. 대개의 외국인(특히 서양 사람들)은 자기 의사 표현을 잘하기 때문에 "괜찮아요. 이 정도면 충분해요."라고 하면 진심으로 하는 말이다. 하지만 그런 문화 차이를 알 리 없는 우리의 엄마.

외국인 게스트: 아줌마 괜찮아요. 이 정도면 충분해요.

엄마: (더 먹고 싶은데 부끄러워 말을 못 하는구나. 아들딸 같은데 잘 먹어야지. 더

먹어요. 더) 두유 원트 몰?(더 줄까요?)

여긴 우리 집이야 vs 아니야, 여긴 우리 집이 아니야

"똑똑똑. 너 거기 있어?"

어느 날 게스트가 할 이야기가 있다며 사색이 되어 내 방을 노크했다. 어리둥절, 내가 회사에 있는 동안 또 무슨 일이 있었나. 조마조마 고객 불만 사항을 접수하려고 준비했다. 내용인즉슨 엄마가 거실에서 트림하는데, 소리가 커서 놀랐다는 것이었다. 부끄럽고 예상치 못한 내용에 내 얼굴은 이미 새빨간 홍당무가 되어있었다. 홈스테이를 운영하면서 초반에 엄마와 가장 많은 갈등을 일으킨 부분이 이런 점이다. 엄마는 항상 "우리 집인데 왜 내 마음대로 못 해?"라며 납득할 수 없다고 했고, 나는 "하지 말라는 게 아니라, 엄마 방에서 조용히 하라는 거지."라며 맞대응을 했다. 하지만 50년 넘게 유지해온 생활 습관이 하루아침에 고쳐질 리 만무했다.

"전화는 조용히 안방에서, TV 소리는 적당히, 방귀, 트림, 자연현상은 제발 방에서, 화장실 문은 항상 닫고 볼일 보기. 문은 천천히 닫고…."

한동안은 엄마를 볼 때마다 이렇게 잔소리를 해야 했다. 엄마는 나에게 잔소리가 너무 심하다며 오히려 짜증을 냈고, 결국 다툼으로 이어졌다. 나는 엄마와 다투는 걸 게스트가 들을까 봐 전전긍긍했고, 다시 엄마에게 짜증을 내는 악순환으로 이어졌다. 엄마 입장에서 생각해보면 스트레스받는 것이 당연했다. 외국에서 살아봤고, 여행도 많이 다녀본 나에게 기본적인 에티켓을 지키는 건 어렵지 않았다. 하지만 엄마는 달랐다. 수십 년간 몸에 쌓인 습관이 하루아침에 바뀔 리 없었다. 그렇기 때문에 홈스테이 운영 초반에는 엄마의 생활습관을 바꾸는 피나는 (나의) 노력이 필요했다. 회사에서 직장 상사가 부하직원의 잘못된 업무습관을 개선하려면 적어도 열 번 이상은 얘기해야 고칠 수 있다는 통계를 본 적이 있다. 오래 연애를 하고도 부부싸움을 자주 하는 커플들이 다툼의 원인으로 작은 생활습관 차이를 꼽는다는데, 50대 중반에 엄마는 신입사원이 되고, 새로운 남편이 생긴 거나 다름없었다.

특명: 게스트를 불과 같이 대하라

우리 집에 전설처럼 내려오는 말이 있다.

"내가 신혼 때 전기세를 780원 냈다. 촛불 피워놓고 살았어. 그렇게 열심히 절약해서 너네 셋을 다 키운 거야."

내가 조금이라도 물을 콸콸 틀어놓고 세수를 하면 엄마는 이 이야기를 무한 반복했다. 이 지긋지긋한 전설의 절약 정신이 홈스테이의 발목을 잡을 줄이야!

미국에서 온 게스트 A는 한국인처럼 한국어를 잘해서 처음부터 엄마와 내가 좋아했다. 엄마도 게스트와 말이 통하니 내가 없어도 수월하게 소통할 수 있다며 반겼다. 나보다 나이가 많았던 게스트 A에게 나는 살갑게 언니라고 불렀고, 금방 친해졌다. 우연히 A의 블로그를 보게 되면서 판도라의 상자를 열고 말았다. A 블로그에는 한국 생활에 대한 이야기가 가득했고, 홈스테이에 대한 이야기도 쓰여있었다. 처음 온 한국에서 홈스테이 도움으로 한국 생활에 잘 적응하고 있다는 내용과 나에 대한 칭찬이 대부분이었다. 뿌듯하게 글을 읽고 있는데, 최근 포스팅으로 갈수록 내 얼굴은 빨개지고 심장은 콩닥콩닥 뛰었다.

역시나 문제는 엄마였다. '집에 있을 땐 거의 아줌마와 함께 지내는데, 아줌마 잔소리 때문에 홈스테이가 점점 싫고, 체크아웃을 한다면 작은 방이라도 꼭 혼자 지낼 수 있는 곳을 선택하겠다.'는 내용이었다. '엄마, 대체 무슨 짓을 한 거야?'라는 생각으로 조마조마 스크롤바를 내려서 글을 읽었다.

홈스테이 운영 초반 게스트가 음식을 다 먹은 후 설거지는 게스트가 하도록 했는데, 설거지할 때마다 엄마는 언니에게 이렇게 하라는 둥 저렇게 하라는 둥 잔소리를 했던 것이다. 그뿐만 아니라 세탁기를 사용할 때도 찬물을 사용하라고 잔소리를 했다고 한다. 사사건건 나에게 잔소리하듯 게스트에게도 잔소리를 해왔으니, 겉으로는 싫은 내색 안 했지만 속은 짜증 나고 답답했던 거였다. (엄마는 언니와 말이 통하니 더 잔소리가 심했다.) 이러한 속사정까지 알 리 없던 나는 충격을 받았다. 차라리 언니가 나에게 얘기라도 해줬으면 좋으련만…. 하지만 진짜 불화는 언니가 세탁기를 너무 많이 사용하면서 발생했다. 언니가 세탁기를 거의 매일 사용해서 신경이 쓰였던 엄마였지만, 언니와 친했기 때문에 선뜻 얘기를 못 했다. 결국 참다 참다 폭발한 엄마는 언니에게 한소리했고, 언니는 엄마를 이해할 수 없다며 불만을 표했다.

세탁기 사건을 기점으로 둘은 하루가 멀다고 싸웠다. 나는 이 싸움을 피하고자 있지도 않은 일을 만들어 야근하기 일쑤였다. 언니는 홈스테이 한 달을 예약했지만, 엄마와 불화로 지내는 게 힘들었는지 중간에 나가겠다고 선언하고는 그 길로 체크아웃을 해버렸다. 짧은 기간이었지만 난 이때 매일 위장병을 앓고 다녔고, 이 언니가 나가면 다시는 홈스테이를 하지 말아야지 하고 다짐 또 다짐하였다.

홈스테이 운영 초반에 벌어진 일련의 사건으로 엄마에게 절대 수도, 전기 사용에 대해 게스트에게 잔소리하면 안 된다고 신신당부했다. 게스트가 내는 요금에는 공과금이 다 포함되어 있고, 설사 그들이 많이 쓰더라도 어쩔 수 없는 것이라고 수없이 강조했다. 엄마 역시 게스트들이 청소하고 설거지하는 게 마음에 들지 않는다며 불평을 쏟아냈다. 이런 경험을 토대로 홈스테이 운영 방법이나 규칙을 조금씩 엄마에게 맞게 수정해 나갔다. 설거지, 청소 모두 엄마 마음에 들도록 본인이 다 하는 걸로 했고, 세탁기 사용은 일주일에 한 번으로 규칙을 수정하여 올려놓았다. 홈스테이 규칙에 대해서도 엄마와 사사건건 부딪쳤다. 엄마는 게스트들의 통금시간을 규칙에

넣자는 의견을 냈다.

여름: 엄마, 게스트는 게스트일 뿐이지 엄마 딸이나 아들이 아니야.
　　　통금시간은 말이 안 돼.
엄마: 그러다 뭔 일 생기면 어떡하려고. 우리 집에 머무는 이상 내가
　　　책임지고 안전하게 보살펴야지!

　엄마의 의도와는 달리 게스트에게 사생활 침해로 이어질 수 있는 문제였기에, 이 규칙만큼은 절대로 안 된다고 했지만, 손님이 안전하게 머물기를 바라는 엄마의 심정이 이해는 되었다. 홈스테이 운영 초반에는 엄마와 싸우기도 많이 싸우고, 내가 왜 사서 고생을 하고 있나 후회도 많이 했다. 엄마와 나, 엄마와 게스트가 이렇게까지 트러블이 생길 줄은 상상도 못 했기 때문이다. 엄마와 나는 서로 감정이 격해져 언니와 남동생에게 하소연하다 보니 같이 살지도 않는 가족들에게까지 피해가 갔다. 가족들 역시 홈스테이를 하지 말라며 반대했다.
　"엄마, 인간관계는 불과 같대요. 너무 가깝지도 너무 멀지도 않게 관계를 유지해야 한다는 거죠. 게스트는 돈을 내고 우리 집에 머무는 거니까, 우리가 정해놓은 규칙을 잘 지키는 한 그냥 무관심하도록 노력해 봐요. 엄마의 좋은 의도도 문화와 언어가 다른 외국인은 오해할 수 있어요."

원활한 홈스테이 운영을 위해 내게는 어느 정도의 인내가, 엄마에게는 어느 정도의 무관심이 필요하다는 것을 뼈저리게 느꼈다.

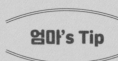
아니 설마 게스트 앞에서 방귀를 뀐다고? 저도 그렇게 생각했는데요. 집에서 남의 눈치 안 보고 살 때 몸에 밴 습관이 저도 모르게 자동으로 나올 때가 있습니다. 아무리 집이어도 게스트와 함께 있을 때는 아래 최소한의 매너를 꼭 지켜주세요! 안 그러면 우리 딸한테 엄청 혼납니다.

"Manners maketh man(매너가 사람을 만든다)."

「킹스맨」 해리의 유명한 대사죠. 게스트와 함께 있을 때 지켜야 할 매너, 그 매너가 호스트를 만듭니다!

🌱 기본 에티켓

방귀 뀌지 말 것

트림하지 말 것

귀 후비지 말 것

재채기나 기침할 때 꼭 입을 가리고 할 것

방에 들어갈 때는 노크하고 들어갈 것

전화할 때는 조용히 받을 것

TV 소리는 적당한 볼륨을 유지할 것

함께 사진을 찍을 때는 꼭 사전에 물어볼 것

🌿 식사 에티켓

음식 먹을 때 소리 내서 먹지 말 것

의자에 다리 올리지 말 것

음식 먹을 때 개인접시에 따로 담아 먹을 것

손이 아닌 도구를 이용할 것(예: 김치를 자를 때 등)

음식을 더 줄 때는 꼭 먼저 물어볼 것

마동석을 이길 수 있는 유일무이한 사람,
그 이름 '아줌마'

게스트와 함께 영화 「범죄도시」를 봤다. 영화만큼 한국문화를 속성으로 배우는 방법도 드물어 종종 게스트 취향에 맞춰 한국 영화를 소개하고 내가 좋아하는 영화를 함께 보며 이야기한다. 이날은 범죄영화를 좋아하는 한 게스트에게 「범죄도시」를 보여주었는데, 마동석 배우를 가리키며 나는 "마동석은 한국형 히어로이다. 대한민국 경찰영화는 마동석 이전과 이후로 나뉜다."라며 열변을 토했다.

여름: 아무도 마동석을 이길 수 없어! 어떤 빌런이 와도!

게스트: (단호하게) 아니, 있어. KOREAN AJUMMA(한국 아줌마)!!!

여름: 헛!!!(너무 공감하여 할 말을 잃은 상태)

게스트가 체크인한 뒤, 엄마는 '아줌마', 나는 '언니', '누나'로 불러달라고 호칭부터 깔끔하게 정리하는 우리는 빼도 박도 못하는 한국 사람. 한국어를 아는 게스트는 이 호칭 문화에 대해 설렘을 표하지만, 한국문화를 잘 모르는 게스트는 굉장히 신기해한다. (대한민국 모든 식당 아주머니들이 그들의 이모인 걸 어떻게 이해할 수 있단 말인가!) 구글에 검색하며 사전적 의미를 이해하고 곧잘 우리에게 아줌마, 누나, 언니 등으로 부르면 한국어를 잘하지 못해도 제법 대한외국인 태가 난다. 한국인에게도 '아줌마'는 매우 많은 의미를 담고 있는데, 많은 게스트가 우리 엄마뿐만 아니라 밖에서 만난 다양한 아줌마들과 지지고 볶으며 경험한 '아줌마'의 정의를 취합해보자면 다음과 같다.

아줌마는 여성도 남성도 아닌 제3의 성(性)이자 아무도 막을 수 없는 엄청난 슈퍼파워를 가진 존재. 아줌마가 아니고서는 어떠한 언어와 단어로도 대체할 수 없는, 대개는 사랑스럽지만 때로는 골치가 아프며 어쩔 땐 무섭기도 한… 뭐라 형언할 수 없는 그 이름 아줌마.

그도 그럴 것이 대한민국의 전형적인 아줌마인 우리 엄마는 일단 성격이 무척 급하고, 감정 기복도 크다. 내가 아무리 다른 사람한테 신경 좀 쓰지 말라고 해도 생각보다 행동이 먼저 앞서는 참견쟁이이자 자식을 위해서라면 "뭣이중헌디"를 외치며 두 발 벗고 나서는 억척스러운 중년의 여성. 이성보단 감성이, 타협보단 고성이 따발총처럼 먼저 나가 나와 매번 부딪히고 싸우기를 반복하는 나와 전혀 다른 생명체인 '최 씨 아줌마'.

먼 타국인 한국에 도착하는 날, 항공사의 실수로 캐리어를 잃어버려 몸만 달랑 온 게스트 본인보다 더 안절부절못하며, 세월아 네월아 꾸물거리는 항공사에 전화해 혼구멍을 내주고 안전하게 캐리어를 받아주는 해결사. 갑작스러운 버스 사고로 다쳐서 병원에 다녀왔다는 말 한마디에 버스회사에 전화해서 보상금을 야무지게 받아 내주는 변호사. 초등학교부터 도합 12년 영어를 배웠으나 현실은 외국인 앞에서 쭈뼛대는 내 친구와는 달리, 고졸에 완벽한 영어문장 하나 구사 못해도 외국인 게스트와 귀가 따갑도록 수다를 떠는 무결의 아줌마. 한국에 관심이 있어 온 외국인들에게 한국을 이해하려면 아줌마를 빼놓고 이야기할 수 없다는 것을 온몸으로 보여주는 우리 엄마. 영어가 외국인 홈스테이를 위해 가장 필요한 역량이 아니라는 것을 몸소 알려준 그런 엄마를 보며 '어쩌면 문제는 엄마가 아니라, 없던 걱정도 사서 하는 내가 아닐까?'라며 혼자 풉 하고 웃은 적이 많다. 대한민국 대표 넘버원 브랜드 '아줌마'. 세상 모든 아줌마에게 엄지척을 날립니다.

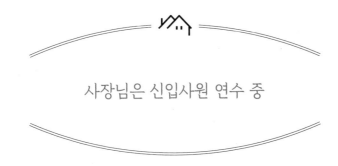

사장님은 신입사원 연수 중

홈스테이 초반에는 게스트가 요청하면 엄마가 인천공항에 픽업을 나갔다. 엄마는 집에서 가까운 거리도 잘 못 찾는 길치라, 나는 회사에서 엄마를 걱정하며 안절부절못했다. 손수 만든 피켓을 엄마에게 주었지만, '내가 갔어야 했는데'를 속으로 얼마나 외쳤던가. 안 좋은 예감은 틀린 적이 없다. 회사에서 일하고 있는 내내 내 휴대폰에 불이 났다.

엄마: 이 친구 오는 거 맞아? 오는 시간이 지났는데 여태 안 나와.

여름: 엄마 조금만 더 기다려봐요. 저 회사라 전화 길게 못 해요.

30분 후 내 휴대폰이 또다시 울렸다.

엄마: 나 집에 갈래. 얘 아무래도 안 오는 것 같아. 이게 몇 시간째
야. 연락도 없어.

20분, 10분, 점점 간격은 짧아지고 휴대폰은 계속 울렸다. 나 역시 불안해
지기 시작했다. 엄마에게 애써 침착한 척 조금만 더 기다려달라고 했지만,
나는 이미 회사 일에 집중하지 못하고 있었다. 계속 울리던 휴대폰이 조용
해졌고, 갑자기 연락이 오지 않자 더 불안했다. 딩동. 엄마가 보내온 사진 한
장이었다. 엄마 옆에 환하게 웃고 있는 그녀. 다행히 엄마와 그녀가 만났다.
드디어 일에 집중할 수 있겠군, 생각했는데 몇 시간 뒤 다시 울리는 휴대폰.
이번엔 엄마가 아니라 게스트 A였다.

A는 한국어를 전혀 못 했기 때문에, 체크인 후 엄마가 홈스테이 관련 내
용을 설명해줘도 전혀 알아듣지 못한 눈치였다. 하나부터 열까지 궁금한 것
들을 나에게 메시지로 보냈다. 실시간으로! 동네 근처에 슈퍼마켓이 있느
냐, 있으면 어떻게 가야 하는지 좀 알려달라. 지금 커피가 마시고 싶은데 팬

찮은 카페를 알면 좀 알려달라 등등 그렇게 많은 질문과 답이 오갔음에도 질문이 남았는지 내가 퇴근할 때까지 기다렸다 서울에 갈 만한 곳들을 구체적으로 물어보기 시작했다.

이건 아니다. 돈 한 푼 안 받고 영업까지 뛰는데, 이렇게 내 일에 집중을 못 하면서까지 홈스테이를 하는 건 너무 억울했다. 한국어를 못하는 게스트는 앞으로도 많을 것이고, 그럴 때마다 내가 답해줄 수는 없는 노릇이었다.

'무슨 수를 써야 해. 엄마를 신입사원이라고 생각하고 트레이닝을 시켜야겠다.'

가장 먼저 업무분장을 했다. 게스트가 우리 집을 예약하기 전까지는 내가 맡아서 하고, 체크인 후 집에 들어온 순간부터는 엄마의 일이다.

> 여름: 엄마, 내가 가르쳐준 것 다시 말해봐.
>
> 엄마: 몇 번이나 반복해야 해. 다 외웠다니까. 집에 게스트가 들어오면 작은 다과를 내고 하나씩 차근차근 알려준다. 집 비밀번호, 와이파이 비밀번호, 냉장고, 신발장, 수저, 젓가락, 화장실 사용법. 주의사항이 적힌 파일은 다시 한번 더 게스트한테 보여준다. 샤워할 때는 샤워 커튼 꼭 치라고 알려주고….
>
> 여름: 그리고 그거 끝난 다음에는?
>
> 엄마: 동네 투어 시작. 렛. 츠. 고. 투. 어. 아. 윌. 쇼. 유. 네. 이. 버. 후. 드

(동네 보여줄게, 나가요).

여름: 그렇지, 잘하네. 그리고?

엄마: 겟온버스 세븐씩스원투, 잇윌고투홍대, 홍대(7612번 버스를 타면

　　　홍대에 갑니다).

엄마: 블랙퍼스트 언틸 나인 오케이(아침 식사는 아침 9시까지 가능합니다).

　체크인 후 필요한 우리 집 정보와 동네 설명이 적힌 종이를 엄마에게 건네 외워야 한다고 했다. 종이에는 영어를 읽었을 때 발음을 한국어로 쓰고, 뜻을 적어주었다. 엄마에게 맞춘 눈높이 교육! 왜 진작에 이 생각을 못 했을까? 게스트 입장에서 생각해 필요한 정보들만 추려 엄마에게 주입했다.

여름: 엄마, 게스트 처음에 집에 오면 뭐라고 한다고?

엄마: 웰컴투 코리아 동막골(웃음)!

여름: 하하하하하, 그게 뭐야! 웰컴투 코리아. 그치만 그건 재미있

　　　으니까 패스.

엄마: 예쓰, 돈가쓰~(웃음)

여름: 아, 엄마 목소리 너무 커~ 좀만 조용히, 천천히~!

엄마: 내 목소리 투 라지(내 목소리 너무 커)?

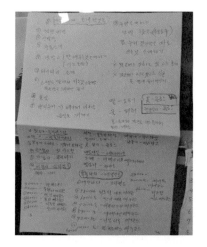
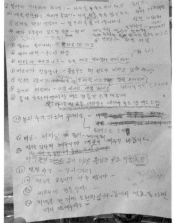

내가 어렸을 때 엄마가 옆에서 함께 영어 학습지 숙제를 체크해줬다. 20년 전 일이지만 아마 그때의 기억이 조금은 남아있어서인지 엄마가 알고 있는 짤막한 영어 단어도 꽤 도움이 됐다. 그렇게 시간이 있을 때마다 엄마는 특훈에 들어갔고, 이제는 게스트가 체크인하는 날 더 이상 마음을 졸이거나 불안해하지 않는다.

어서 오세요,
서울홈스테이입니다

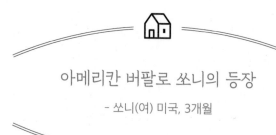

아메리칸 버팔로 쏘니의 등장

- 쏘니(여) 미국, 3개월

서울홈스테이 역사상 절대 잊을 수 없는 게스트는 바로 우리의 첫 게스트 쏘니이다. 첫 손님인데다가 장기투숙 손님인 그녀의 이름은 Son Truong. 베트남에서 태어난 베트남 사람이지만, 일찍이 가족 모두 미국으로 이민을 와서 미국 사람이기도 한 쏘니. 쏘니는 우리가 홈스테이를 시작하면서 받은 첫 게스트다. 홈스테이를 하다 보면 연락은 많이 오지만, 실제 예약으로 이뤄지는 경우는 극히 드물다. 왜냐하면 우리 집에서 우리 가족과 함께 살아야 하기·때문에 손님 입장에서도, 우리 입장에서도 이것저것 따지는 게 참 많다. 쏘니 역시 예약을 하기까지 꽤나 많은 질문을 했다.

지금 생각해보면, 정말 초짜 호스트에 별 볼 일 없는 사진을 올려놨는데도 예약을 해준 쏘니가 참 고맙다. 우리 집을 선택한 이유를 나중에 들어보니 아침, 저녁밥을 주는데도 굉장히 저렴했고, 쏘니가 다니는 연세대학교와 무척 가깝기 때문이었다고 한다. 우리의 신원을 정확하게 확인할 수 없기 때문에 한국을 오기 전까지 별의별 생각이 많았단다. 내가 돈만 먹고 튀진 않았을지. 픽업 장소에 나갔는데 아무도 없는 것은 아닌지…. (이건 우리도 마찬가지였다. 우리도 쏘니를 보기 전까지 어떤 사람이 올지 무척 걱정했고, 조금은 무섭기도 했으니까.)

엄마와 나는 이 친구를 본 첫날부터 쏘니라는 별칭으로 불렀다. 나에겐 쏘니의 첫인상이 섹시하고 멋진 버팔로 같은 모습이었다. 건강해보이는 까무잡잡한 피부, 통통하지만 갑옷을 입은 듯 탄탄한 근육질 몸매. 버터 가득 바

른 미국식 영어 발음과 악센트에 가슴이 훅 파인 나시티, 화려한 투톤 염색 긴 생머리. 미국을 너무나 사랑하는 쏘니는 미국 서부 캘리포니아주 로스엔젤레스에서 왔다. 연세대학교 교환학생으로 온 그녀는 영어, 베트남어는 물론 중국어, 스페인어, 그리고 한국어까지 하는 언어 천재였다. 한국어를 배우러 교환학생을 왔고, 한국에 관심 있는 소녀들이 그렇듯, 한국의 드라마, 음악, 아이돌, 예능을 무척 좋아하는 친구였다. 나보다 한국 드라마, 음악을 더 많이 알고 좋아하는 쏘니. 새삼 한류를 실감했다.

스타벅스에서 아르바이트를 하는 영락없는 빼박 미국인 쏘니, 쏘니는 미국을 너무나 사랑하는 미국인이자 베트남인이었다. 쏘니는 입버릇처럼 미국을 찬양했는데, 그 이유가 미국은 언제나 기회가 있고, 능력을 펼칠 기회가 많으며, 다양한 인종의 블랙홀인 만큼 다양성을 존중하기 때문이란다. 그리고 그 밖에 이유는 너무나 많았다. 종종 퇴근 후 늦게 들어오고, 주말까지 일하는 나를 보며, "언니! 이거 아니에요. 언니는 미국으로 와야 해요!"라고 외쳤던 쏘니. 자기는 베트남 사람이지만 베트남에 살지 않고 미국에 살아서 너무나 행복하다는 그녀. 내가 아는 한국의 젊은이들은 100이면 90% 이상은 "한국에서 살기 싫다. 헬조선을 떠나자."라는 말들을 하는데, 이렇게 당연하게 "나는 우리나라가 좋아요."라고 하는 걸 보니 그런 미국이 금세 궁금해진다.

여행자들의 천국 캘리포니아

쏘니 말을 들어보면 천국이 캘리포니아요, 캘리포니아가 천국이다. 1년 내내 따뜻한 날씨와 볼거리, 즐길거리가 풍부한 곳, 대자연이 함께 살아 숨 쉬고 있는 곳. 도시를 좋아하는 사람도 자연을 좋아하는 사람도 모두가 좋아할 곳이 캘리포니아라고 했다. 더위를 많이 타는 쏘니에게 대한민국의 짜디짠 여름은 너무나 가혹했던 것. 한국을 사랑했던 쏘니였지만, 여름을 특히 고통스러워했다.

"캘리포니아는 1년 내내 날씨가 좋아요. 난 더운 게 너무 싫어요."

입버릇처럼 말하던 쏘니, "쏘니, 그럼 캘리포니아는 겨울이 없으니까 털부츠나 모자도 안 써?"라고 궁금해 물어보니 쏘니는 이렇게 대답한다.

"아뇨! 당연히 있지! For fashion(패션이니까)!"

그렇다. 패션과 아름다워지고 싶은 욕망은 세계 공용어니까!

보트피플(boat people)의 후예

홈스테이를 시작하고 초반에는 퇴근 후 바로 집에 돌아왔다. 엄마와 쏘니만

단둘이 있는 게 불안하기도 했고, 오늘은 한 번도 가보지 않은 미국의 어떤 모습을 여행할까 하는 기대감에서였다. 저녁 식사를 한 뒤 소파에 앉아 수다를 떠는 것이 우리의 일상이 되어버렸다. 쏘니는 한국어가 서툴러서 나와 단둘이 대화할 때는 영어를 썼다. 쏘니가 한국에 머물고 시간이 좀 흘렀을 때 나는 조심스럽게 쏘니에게 어떻게 미국에서 살게 됐는지 궁금하다고 물어봤고, 쏘니는 베트남 전쟁에 대해 말해주었다. 전쟁이 끝나자 쏘니의 부모님은 물론, 온 친척 식구들 모두 베트남을 떠나왔다고 말했다. 'boat people' 베트남 전쟁이 낳은 비극, 희생양이 되기 싫어 살아남기 위해 바다로 탈출한 사람들을 일컫는다. 온 친척과 가족이 함께 미국으로 왔고, 쏘니 어머니는 단 하루도 쉬지 않고 일하며 쏘니와 쏘니 오빠를 키우셨다고 한다. 쓴웃음을 지으며 그녀가 내게 했던 말은 그녀와 대화가 끝났음에도 쉽게 잊히지 않았다.

"우리 엄마는 매일 일했어요. 단 하루도 쉬지 못했어요. 단 하루도."

우리의 히어로 쏘니

가슴골이 보이는 나시티를 입은 쏘니를 보는 동네 어르신들의 눈초리가 어떻건 그녀는 신경 쓰지 않았다. 기분이 좋으면 집안이 떠나갈 듯 웃고, 미국에 있는 엄마와 오빠가 그리울 땐 슬픈 표정으로 그립다고 말했다. 내가 '쏘니의 뷰티살롱'이라고 칭할 정도로 미용에 관련된 재능이 남달랐다. 그런 쏘니 덕분에 난생처음으로 못생긴 손에 네일아트를 받았고, 샵에서 관리받으면 1회에 3만 원이 넘는 눈썹 관리를 매번 무료로 받았다. 쏘니 방은 신기하고 재밌는 뷰티용품들로 가득해서 쏘니 방을 놀러 갈 때면 다른 세계로 가는 듯했다. 남들의 재능을 보면 꼭 한마디 참견해야 하는 내 성격 때문에 "쏘니야, 넌 회사 취직하지 말고 뷰티 사업을 하는 게 어떻겠니? 넌 프로다!"라고 엄마와 입을 모아 말했다. 겁이 많은 내게 "언니, 우리 피어싱하러 가요!"라는 한마디에 난 또 쫄래쫄래 따라나섰고, 난생처음으로 계획에 없던 피어싱을 하고 지금은 귀에 구멍이 다섯 개나 있다나 뭐라나. 시청광장 한가운데서 음악을 틀어놓고 춤을 추고, 집에서도 엄마 앞에서 트워킹(엉덩이춤)을 선사하던 그녀. 엄마가 자주 하는 말 "미치겠어~"를 노래로 승화시켜 "미치겠어~ 미치겠어~"를 목청껏 부르던 아메리칸 버팔로 쏘니가 아니었다면, 서울홈스테이는 시작도 하지 못한 채 우리 집 역사의 뒤안길로 사라졌을 것이다.

이젠 매일(male)도 매일 환영입니다

엄마: 미쳤어? 여자 둘이 사는데 무슨 집에 남자를 들여?

여름: 엄마 외국 여행하다 보면 남자 여자 함께 방 쓰기도 해. 나
도 그랬고….

엄마: 그건 외국이지. 여긴 한국이고 내 집이야. 위험하게 무슨 남
자를 받아.

여름: 그럼 계속 방 비워둘 거야?

홈스테이를 시작할 때 엄마가 신신당부했던 두 가지 사항이 있었다. 첫째, 인테리어를 바꾸는 등 추가 비용이 없을 것. 둘째, 여자 게스트만 받을 것. 1년 동안은 여자 게스트만 받아왔는데, 갑자기 게스트 예약이 뚝 끊겼다. 나는 애초에 남자 게스트도 상관없었기에 엄마한테 슬쩍 물어봤는데, 아니나 다를까 엄마는 노발대발했다. 하지만 공실이 2개월 지속되자 엄마는 결국 내 제안을 받아들였다.

female(여자)만 있던 우리 집 홈스테이 희망 게스트 정보란에 male(남자)을 추가하자 뜸했던 예약 요청이 드디어 오기 시작했다. 역시 엄마를 설득하길 잘했네. 첫 남자 게스트를 받았을 때 엄마는 처음 홈스테이를 했을 때처럼 긴장했지만, 이내 익숙해졌다. 시간이 지나자 엄마는 여자 게스트보다 오히려 남자 게스트를 선호하게 되었다. 어느 날 그 이유를 물어보니 재밌는 답변이 돌아왔다.

첫째, 남자 게스트는 여자 게스트보다 방을 훨씬 깨끗하게 사용한다. 내 경험으로도 남자에 비해 물건이 훨씬 많은 여자 방은 더 지저분했다. 핀란드에서 교환학생을 할 당시 여섯 명의 외국인과 함께 지냈는데, 대개 여자들이 사는 기숙사는 함께 쓰는 공동공간인 거실은 깨끗한 반면, 각자의 방은 지저분한 경우가 많았다. 반대로 남자 친구들의 기숙사를 놀러 가면 거실은 더러워도 각자의 방은 깨끗했다. 어렸을 때부터 "제발 머리카락 좀 주워라."라는 엄마의 잔소리를 귀에 딱지가 듣도록 자란 만큼 엄마는 머리카

락에 민감한데, 남자 게스트는 여러 방면에서 엄마의 청결 니즈를 충족시켜 주었던 것이다.

둘째, 남자 게스트들은 여자 게스트에 비해 집에 없는 시간이 많다. 엄마는 아침, 점심, 저녁 꼭 세 끼를 챙겨 먹는데, 점심시간에 게스트가 집에 있으면 엄마는 혼자 점심 먹기 미안하다며 꼭 방으로 식사를 가지고 들어갔다. 내가 그럴 필요 없다고, 식탁에서 편하게 먹어도 괜찮다고 해도 엄마는 말을 듣지 않았다. 이러한 이유들로 게스트가 집에 없으면 엄마의 눈치 타임도 줄어들었다. 여자 게스트에 비해 남자 게스트는 외출 후 늦게 들어오는 경우가 많았기 때문에, 엄마의 자유시간도 그만큼 보장되었다.

셋째, 남자 게스트가 여자 게스트보다 샤워 시간이 현저히 빨랐다. 먹는 것은 절대 아끼지 않는 엄마였지만, 수도세나 전기세와 같은 공과금에는 굉장히 민감한 엄마였다. 객관적으로 따져보면 음식이 비용을 훨씬 줄일 수 있는 부분이었는데도, 그것과 별개로 엄마 몸에 밴 습관 탓이리라. 짧게는 15분 길게는 30분 샤워하는 여자 게스트들을 엄마는 이해할 수 없다며 나에게 항상 토를 달았다. 그에 비해 남자 게스트는 엄마와 동일하게 샤워 시간이 5분 컷이었다. 이러한 이유로 엄마는 남자 게스트가 들어오면 수도료 등 공과금을 훨씬 아낄 수 있을 거라는 강한 믿음을 가졌다.

"엄마, 남자 게스트가 여자 게스트보다 두 배는 더 먹는데…."라는 얘기를 해봤자 "시끄러워, 외국에서 힘들게 생활하는데 많이 먹어야!"라는 엄마의 말이 귀에 맴돌므로 굳이 하지 않는다. 이러한 이유로 엄마가 남자 게스트를 선호한다 해도, 나는 남자건 여자건 성별을 따지지 않고 우리 집을 선택해준 게스트에게 감사하다. 아, 남자 게스트가 유독 감사한 순간이 있다. 허리가 안 좋은 엄마를 위해 무거운 짐을 들어주는 우리 집 외국인 남동생들에게 이 자리를 빌려 심심한 감사의 말을 전하고 싶다.

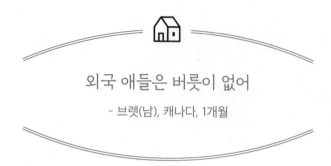

외국 애들은 버릇이 없어

- 브렛(남), 캐나다, 1개월

퇴근하고 집으로 돌아온 날 엄마의 표정이 좋지 않았다.

여름: 엄마 무슨 일 있었어?

엄마: 여름아, 브렛은 좀 버릇이 없는 것 같아. 그래도 게스트니까 그
러려니 해야겠지?

여름: 엥? 브렛 되게 착해 보이던데 무슨 일이야?

브렛은 캐나다에서 온 남자 게스트였다. 그는 프리랜서로 세계여행을 하면서 동시에 일도 하고 있었다. 내가 픽업 서비스를 나갔을 때가 가을이라 살짝 추웠는데, 막 방콕에서 돌아온 브렛은 반소매 반바지를 입고, 아이만 한 배낭 가방을 메고 활짝 웃는, 에너지가 넘치는 청년이었다. 나한테는 그게 브렛에 대한 기억이 다였다. 그는 여행객이었지만 동시에 일을 해야 했는데, 새벽에 일하고 오후 늦게까지 자는 올빼미족이라 나와는 거의 교류가 없었다. 그런데 그사이 엄마랑 무슨 일이 있었던 걸까?

"이것 좀 봐봐, 난 항상 우리 게스트들한테 존댓말 하는데(엄마는 게스트들이 한국어를 못해도 항상 존댓말로 한국어를 쓴다), 브렛은 항상 나한테 반말이야."

무슨 소리지? 브렛은 한국어를 전혀 할 줄 모르는데…. 영문을 몰라 엄마가 건넨 휴대폰을 보고 난 포복절도하고 말았다. 한국어를 전혀 할 줄 몰랐던 브렛은 엄마와 카카오톡으로 대화하는 게 편했는지 줄곧 카카오톡으로 대화를 하고 있었다. 말이 대화지 엄마가 보여준 브렛과의 카카오톡은 흡사 사장이 말단 부하직원에게 업무를 하달하는 수준이었다. 아 물론 이 대화에서 사장은 브렛이고, 엄마는 부하직원이었다. 엄마와 브렛의 카카오톡 대화를 옮겨보면 이렇다.

엄마: 브렛, 지금 집에 가서 식사 맛나게 해주께요.

브렛: 승인. 나는 돌아오는 길에 있다.

엄마: 오늘 저녁 나랑 같이 먹어요.

브렛: 승인! 언제?

엄마: 7:30 오늘 저녁 불고기에요

브렛: 예. 그 좋은 소리. 내일 아침은 필요 없어.

엄마: 네. 저도 내일 늦잠 잘게요.

브렛: 좋은 생각. 내일 오이무침 가르쳐줄 거야?

엄마: 네. 요리하는 거 갈쳐줄께요.

브렛: 굉장해. 나는 흥분한다. 일요일에 가르칠 수 있니?

엄마: 네 일요일에 가르칠 수 있어요.

브렛: 여보세요. 내가 사용할 수 있는 옷 철이 있습니까?

엄마: 옷철이 뭐에요?

브렛: (다리미 사진)

엄마: 네 있어요.

브렛: 빌릴 수 있을까?

엄마: 네 빌려 드릴게요.

엄마가 한국어로 이야기하면 브렛은 엄마 메시지를 번역기에 돌리고, 또 본인이 하고 싶어 하는 말을 번역기로 돌려서 엄마한테 전송해왔다. 엄마와 브렛의 대화를 보고 방바닥을 데굴데굴하며 웃었더니, 회사에서 받았던 스트레스가 다 날아가는 듯했다. 일단 진정하고 다시 봤다. 다시 봐도 이건 역대급 코미디다. 엄마는 영문도 모른 채 내가 낄낄거리자 뚱한 표정으로 지켜보았다. 일단 브렛에 대한 오해를 푸는 게 급선무였다.

엄마에게 번역기의 정체와 작동 원리 등을 설명해주고 브렛이 사용하는 번역기는 존댓말을 모르는 것 같다고 설명해줬다. 그러니 오해하지 말라고, 브렛은 한국어는 아예 못 하지만 아주 예의 바른 청년이라고 이야기했다. 신기한 건 중간중간 엄마의 맞춤법도 틀린 게 많고, 사투리도 많이 써서 의사소통이 안 될 법도 한데, 묘하게도 의사소통이 잘 되고 있었다.

나는 스마트폰과 메신저 앱이 없었던 옛날이 가끔 그립다. 편리한 것은 좋지만 부작용도 많기 때문이다. 사람들은 가끔 너무 빠른 피드백을 원하고 내가 의도한 바와 다르게 내용을 이해할 때도 많았다. 얼굴을 마주 보고 했으면 웃어넘길, 아무렇지도 않게 여길 일들을 나 역시 잘못 받아들여 기분이 상했던 적도 많기 때문이다. 하지만 문명의 산물인 스마트폰과 카카오톡, 번역기는 이렇게 재미있는 에피소드를 선사해주기도 한다. 또한, 서로의 언어를 전혀 모르는 두 사람이 이렇게 소통할 수 있게 도와준다. 한국어를 한마디도 못 하는 브렛이 반말로 한국어를 할 수 있다고 생각한 엄마의 순수함도 너무 재미있다.

어느 날 엄마의 휴대폰을 보고 적잖게 놀란 적이 있다. 엄마가 나에게 일일이 얘기하지 않았지만, 이미 우리 집을 떠난 게스트들에게 카카오톡으로 틈틈이 안부를 전하고 있었다. 게스트들이 한국어를 할 수 있건 없건 한국어로, 꿋꿋이 장문의 문장으로, 틀린 맞춤법으로, 가끔은 사투리를 써가며 그들이 그들의 나라에서 행복하게 잘살고 있는지를 묻고 있었다. 그 물음에 무응답하는 게스트도 있고, 며칠 몇 주가 지난 다음에서야 짧게 화답하는 게스트들도 있다. 하지만 언제나 엄마의 카카오톡 물음에 칼답으로 가장 먼저 응답하는 건 브렛이었다. 그런 브렛의 안부를 엄마는 신나는 목소리로 나에게 전해준다.

"여름아, 브렛 지금 크로아티아래. 내일은 루마니아로 넘어간대. 근데 거기가 어디야? 하여튼 브렛 여전히 잘살고 있네. 오이무침이랑 불고기 아직

도 잘 해먹고 있대."

영어를 못하는 엄마와 한국어를 못하는 브렛. 그런 브렛이 엄마의 친구가 되어준 게 난 언제나 신기하면서도 고맙다. 고마워! 브렛.

한국판 모던 패밀리

- 도로테(여), 독일, 6개월

미디어에서 우리나라 사람에게 비치는 독일은 전쟁, 맥주, 조금은 지루한 사람들이라는 이미지이다. 지루하다기보다 재미가 없는 편이 더 맞겠다. 그리고 덧붙이자면 나에게는 독일 사람은 사생활이 굉장히 중요할 것이라는 선입견이 있었다.

"엄마, 이 친구 이름은 도로테이고, 독일에서 왔어요. 6개월이나 있을 거니까 잘 지내야겠다."

덜컥 6개월 예약받기는 했지만, 너무 긴 것 아닌가 하는 생각도 했다. 성향이 맞지 않은 게스트와 오래 함께 하는 생활은 쉽지 않기 때문이다. 도로테는 첫인상부터 '나 독일 사람'이라고 쓰여 있었다. 내가 만나본 여느 독일 사람과 다르지 않게 깔끔하고 차분하고 키가 컸다. 그런데 도로테는 항상 방문을 열어놓고 지냈다. 꼭 우리 가족들이 거실에 누가 있건 없건 상관하지 않고 문을 열고 지냈던 것처럼 말이다. 이번에도 내 생각은 틀렸다. 독일 사람은 사생활을 중시해서 항상 문을 꼭꼭 닫고 있겠지? 라고 생각했던 내 생각. 도로테는 한국어를 잘해서 우린 저녁 식사를 함께하며 이야기를 많이 했다. 저녁 식사 중 주제는 다양했다. 소소한 농담에서부터 진지한 이야기들까지.

> 여름: 도로테, 그거 사실이야? 독일에는 버라이어티 프로그램이 없다는 거. 너무 지루하지 않아?
>
> 도로테: (단호하게) 지루하지. 않아. 한국 버라이어티 프로그램. 재미없어.
>
> 여름: 도로테, 넌 졸업 후에 무슨 일 하고 싶어?
>
> 도로테: 나 아마 선생님을 할 거야. 근데, 나 한국에서 놀란 거 있어. 한국에서 어린 학생들에게 어떻게 꿈이 뭔지 물어볼 수가 있어? 난 처음에 그것을 학생기록부에 쓴다는 것도 놀랐고, 어

른들이 질문하고 아이들이 대답하지 못하면 주눅 든다는 것
에도 놀랐어. 그때는 아무도 몰라. 어린 나이에 자기가 뭐가
되고 싶은지 어떻게 알겠어. 어른들도 잘 모르는데….
여름: 그렇구나. 그래도 그렇게 심각하게 받아들이지 않는 사람도 많
아. 나도 그렇고. 꿈은 그냥 꿈이지 크거나 작은 게 아니니까.
누구나 그런 거 있잖아. 하고 싶은 거. 게스트하우스 사장이 내
꿈 중 하나였는데, 언니 봐봐, 홈스테이하면서 꿈을 이뤘잖아.
도로테: 언니가, 언니 자신한테 언니가~ 라고 얘기하는 거 재미있어.

도로테와 한국어로 이야기하면서 나도 모르게 나를 "언니가~"라고 이야
기했다. 내 동생에게 "누나가~"라고 했듯이 어느새 도로테를 내 동생처럼
느꼈나 보다. 도로테는 체크아웃했지만, 지금까지도 서로 편지를 주고받는
다. 편지 한 장이 바다를 건너 나에게 닿기까지의 과정이 난 지금도 신기하
며 편지가 기특하다. 매년 크리스마스에는 꼭 크리스마스카드와 선물도 보
내준다. 편지를 받을 때마다 어떠한 감정보다 감사함과 따뜻함이 앞선다.

내가 즐겨보는 미국 가족 드라마 「모던 패밀리」. 나이 많은 아버지와 젊
은 새엄마, 옥신각신 삼 남매를 키우는 비범한 부부, 여자보다 더 감수성 넘
치는 러블리한 게이 부부. 이렇게 세 가족 얘기를 재미있게 담고 있는 드라
마이다. 엄마와 나, 그리고 외국인 게스트. 아니 어느새 우리 가족이 된 도로

테. 단지 핏줄이 아닌, 어디에 있든지 서로 생각해주고 무슨 일이 있으면 함께 이야기하고 고민이 있을 땐 고민 상담을 해줄 수 있는, 이 시대의 모던 패밀리. 엄마와 나, 그리고 도로테. 우리는 한국판 모던 패밀리.

'우리는 모두 다른 세계에서 왔다. 그러나 어떤 방식으로든 우리는 어울린다. 사랑은 비가 오나 눈이 오나 우리를 하나로 묶게 한다.'

「모던 패밀리」 속 대사처럼 엄마와 나, 도로테, 우리는 멀리 있어도 언제나 사랑으로 묶여있다.

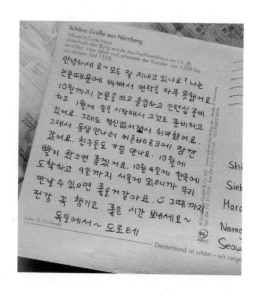

등짝 스매싱의 위대한 효과
- 루이스(남), 독일, 2개월

'캐나다나 다른 서양권 나라에서는 음식 알레르기나 음식 과민증이 많이 있어요. 어떤 사람은 견과류에 정말 심하게 알레르기가 있어요. 유제품에 알레르기가 있는 사람도 많고요. 혹은 특정한 과일이나 채소에도 알레르기가 있고, 또 어떤 사람은 생선이나 육류에 알레르기가 있어요. 그래서 많은 서양 사람들이 먹는 거에 꽤 조심하는 편이에요. 왜 서양인은 한국인보다 음식의 제한이나 알레르기가 더 많을까요.'

인터넷을 하다 우연히 돌아다니는 짤[5]을 보며 무릎을 탁 쳤다. 역시, 나만 궁금했던 게 아니었군. 해외여행을 하기 전에는 세상에 그렇게 많은 음식 알레르기가 있다는 사실을 몰랐다. 순댓국을 먹을 때는 꼭 '순대만'을 외치고, 곱창, 껍데기, 닭발 등을 못 먹는 비위가 약한 나도 음식 알레르기는 없다. 홈스테이를 하면서 엄마와 나는 '이런 음식 알레르기가 있다고?' 할 정도로 신기한 음식 알레르기가 있는 외국인을 많이 봐왔다. 한국인의 비밀은 대체 무엇일까? 고민하고 있을 때 짤 아래 댓글을 보고 단박에 깨달음을 얻었다.

'밥투정하면 등짝 맞아서 그래요.'

나 역시 어렸을 때 등짝 좀 맞아본 사람으로서 완전 동의할 수밖에 없는 지혜로운 대답이었다. 엄마는 우리 삼 남매가 밥상머리에서 밥투정을 하거나 편식하는 꼴을 절대 그냥 두고 보지 않았다. 하지만 이런 나에게 엄마도 강요하지 않은 음식이 하나 있었으니, 그것은 바로 우유다. 우유만 먹으면 곧장 화장실로 달려가야 했기 때문에 엄마도 쉽게 권할 수 없었다. 그럼에도 우유를 좋아해서 큰 결심을 하고 우유를 마신 뒤, 몰려오는 꾸륵거림을 이겨내야 했다. 성인이 되고 나서야 내가 유당에 민감하다는 것을 알게 되었고, 라테를 마실 때는 우유 대신 두유나 귀리 우유를, 우유는 유당이 없는 우유를 마시면서 비로소 즐길 수 있었다. 그런데, 유당불내증의 끝판왕

---

5) 주로 인터넷상에 떠돌아다니는 사진이나 그림 따위를 이르는 말

이 우리 집에 나타났다.

독일에서 온 루이스는 한국어를 전혀 못했지만, '유당'이라는 말은 정확하게 한국어로 쓰고 읽을 줄 알았다. 한국에 오기 전부터 본인이 유당불내증이 심해서 그것만 조심해달라고 부탁했기 때문이다. 나 역시 유당에 민감하기 때문에 그게 큰 문제가 될까 싶었지만, 이런 생각은 매우 안일했다. 루이스와 함께 마트를 가면 기본적으로 한 시간은 걸렸다. 포장지 뒷면에 음식 원재료명에서 '유당'을 쥐 잡듯이 찾아내야 했기 때문이다. 루이스를 만나기 전까지 이렇게나 많은 음식에 우유 또는 유당이 들어가는지 몰랐다. 레토르트 식품, 육가공품은 물론 과자 등에도 알레르기 표시 성분에 '우유'가 들어있었다. 루이스는 언제나 이 부분을 못마땅해했다. 문제는 우유가 아니라 유당인데, 한국에서 판매하고 있는 음식 포장지 원재료명에는 대부분 유당이라고 명확하게 쓰여 있지는 않았다. 그렇기 때문에 루이스는 '우유'라고 쓰여있는 모든 식품은 혹시 몰라 구매하지 않았다. 뿐만 아니라 빵, 과자, 초콜릿을 매우 좋아하는 친구였지만, 대부분의 빵, 과자, 초콜릿에는 우유 또는 유당이 들어가 있기에 마트에서 구매하지 못하고 나오기 일쑤였다. 그때마다 그는 이렇게 말했다.

"독일은 유당이 없는 유당 free 제품이 여기서부터 저기까지 (진열대 끝과 끝을 가리키며) 있단 말이야. 우유나 유당이 안 들어간 아이스크림이나 (두유 아이스크림) 티라미수, 요구르트도 엄청 많은데….."

때문에 우유, 계란, 버터 등을 쓰지 않는 비건 베이커리 위치를 전부 꿰고 있었다. 루이스 덕분에 처음으로 비건 빵을 먹어보니 속이 훨씬 편하고 맛도 좋았다. 하지만 문제는 다른 빵보다 너무 비싸서 루이스는 가격을 보고 매번 궁시렁거렸다. 재료를 뺐으면 더 싸야지, 왜 비싸냐는 논리였다.

음식에 대해서 주로 '원산지'를 중요하게 생각하는 우리나라 사람들과는 달리 독일 사람들은 음식에 '무엇'이 들어있는지를 중요하게 여긴다고 했다. 견과류, 해산물과 같이 특정음식에 알레르기가 있는 사람, 건강을 위해 글루텐 없는 빵을 먹는 사람, 신념으로 고기를 먹지 않아 채식만 하는 사람 등 음식에 대한 자기 결정권과 존중이 보장되는 나라라고 했다. 한국에서는 음식 알레르기가 있는 사람을 보면 종종 예민한 사람으로 치부하거나 유난스럽다고 반응하는 경우를 본 적도 있다. 회사생활을 하는 채식주의자라면 회식은 고사하고 점심시간에도 매번 혼밥[6]을 해야 한다. 언제쯤 우리나라에서도 식당에 가면 메뉴에 대한 알레르기 정보를 명확히 확인할 수 있고, 채식 메뉴를 선택할 수 있을까? 편식에 대한 우리나라 엄마들의 등짝 스매싱이 아무리 효과가 좋더라도, 선천적인 음식 알레르기, 후천적인 신념이나 기호까지 바꿀 수는 없을 테니 말이다.

---

6) 혼자서 밥을 먹음

홍콩에서 날아온 명품 슬리퍼

- 영아 언니(여), 홍콩, 3개월

우리 집 냉장고와 전자레인지는 게스트들이 준 냉장고 자석으로 가득
채워져 있다. 우리 집에 머물러줘서 우리가 고마워할 일인데도 게스트들
은 언제나 선물을 챙겨온다. 그중 냉장고 자석은 엄마가 가장 좋아하는 선
물이다. 작지만 귀엽고 그 나라를 표현하고 있어서 그런가? 냉장고 자석뿐
만 아니다. 오스트리아에서 온 로라는 스와로브스키가 오스트리아 브랜드
라며 스와로브스키 펜과 양초 받침대를 줬다. 러시아에서 온 아나는 자기

웰컴 투 서울홈스테이

가방보다 더 큰 선물 꾸러미를 들고 나타났다. 그 안에는 보기에도 무거워 보이는 와인과 화장품이 들어있었다. 프랑스에서 온 아담은 프랑스에서 제일 유명한 마카롱이라며 공항에서부터 마카롱이 망가질까봐 조심히 가져왔다고 했다.

우리가 받았던 많은 선물 중 뜻깊은 선물은 홍콩에서 온 영아 언니가 준 선물이다. 10년 동안 일해온 직장을 그만두고 한국이 좋아 3개월 한국어를 배우러 온 영아 언니. 본명은 따로 있지만, 언니는 자신의 이름을 '영아'라고 소개했다. 한국어를 잘해서 우린 언니와 한국어로 이야기했다. 한국에 있는 동안 언니는 항상 바빴다. 평일에는 주로 학원을 가고 주말에는 친구들과 맛집 탐방을, BTS를 너무 좋아해서 BTS 전시를 보러 자주 다녔다. 3개월이나 우리 집에 있었지만, 언니와 내가 집에 함께 있는 시간이 많지 않아서 많은 이야기를 나누지 못했다. 오히려 엄마와 언니가 더 친했다. 언니가 체크아웃하기 전날 방을 싹 치우고 쓰레기를 비우려고 했다. 그 모습을 지켜보던 엄마는 언니에게 말했다.

엄마: 영아 언니, 그 슬리퍼 버리지 마세요.

영아 언니: 네? 이거 제가 쓰던 건데…. 왜요?

엄마: 아, 슬리퍼가 너무 편해 보여서요. 아직 쓸만하고, 제가 써도 될까요?

영아 언니: 아, 네 그럼요. 근데 괜찮으세요?

엄마: 네! 너무 편해요. 정말 고마워요. (미소)

영아 언니가 3개월 동안 집에서 신은 슬리퍼를 버리려 하자 엄마는 버리지 말고 달라고 했다. 그 슬리퍼가 뭐라고 언니가 체크아웃한 후에도 엄마는 어찌나 좋아하던지. 내가 보기엔 그냥 볼품없는 그물 슬리퍼였는데, 엄마는 그 슬리퍼가 명품구두라도 되는 양 좋아했다.

그리고 1개월 후 엄마 앞으로 택배가 왔다. 외국에서 온 상자 하나였다. 택배를 보낸다고 한 사람이 없었는데 누구지? 택배 상자를 열어보고 나와 엄마는 놀랐다. 상자 안에는 영아 언니가 놓고 간 그 그물 슬리퍼가 여러 켤레 들어있었다. 금색과 은색 그물 슬리퍼. 엄마가 너무 편하게 잘 신고 있는 가벼운 그물 슬리퍼. 딱 봐도 슬리퍼 가격을 다 합친 것보다 택배비가 더 들었을 것 같았다. 엄마는 슬리퍼를 보자마자 방방 뛰면서 좋아했다.

"안 그래도 그때 영아 언니가 주고 간 거 다 떨어졌는데. 진짜 고맙네. 미안해서 어쩌냐."

영아 언니가 우리 집에 다녀간 후 1년 뒤, 언니는 잠깐 한국을 여행하러 왔고, 그때 엄마에게 문자를 보내 만나자고 했다. 하지만 그 당시 엄마가 아파서 만날 수 없었다. 우린 아쉬워하며 그렇게 언니를 잊고 있었다. 며칠 뒤 우리는 우리 집 대문 앞에서 상자를 발견했다. 상자에는 꾹꾹 손글씨로 쓴

메모지가 붙여져 있었다.

어머님!

안녕하세요. 이번 여행 못 봤어 아주 아까워요.

나중에 제가 서울 오면 꼭 만나겠습니다.

이 슬리퍼는 작은 선물이에요. 받아주세요.

영아 드림.

언니는 엄마에게 이 슬리퍼를 전달하기 위해 우리 집 앞에까지 왔다가 문도 두드리지 않고 다시 돌아갔다. 엄마가 아픈 걸 배려해서 선물만 살짝 두고 갔다. 상자 안에는 역시나 금색, 은색 그물 슬리퍼가 여러 켤레 들어있었

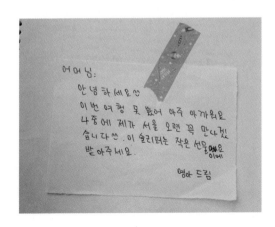

다. 순간, 그 슬리퍼가 어떤 보석보다, 어떤 명품보다 더 값지게 느껴졌다. 1년이 지났지만 잊지 않고 멀리서 우리 집을 찾아와준 언니가 정말 고마웠다. 이래서 홍콩이 명품으로 유명한가 보다. 영아 언니가 준 명품 그물 슬리퍼. 홍콩 어느 시장에서 온 그 그물 슬리퍼를 우리 엄마는 어떤 비싼 물건보다 귀하게 쓰고 있고, 또 다른 사람에게 좋다며 선물했다. 누군가에게는 사소한 슬리퍼가 우리의 따뜻한 감정을 더해 명품으로 탄생했다.

달려라! 달려, 매티!

- 매티아스(남), 독일, 1개월

6년 동안 우리 집을 거쳐 간 많고 많은 외국인 게스트들. 이들 중 90% 이상은 한국어 공부나 교환학생으로 오는 학생들이고, 9%는 여행자 또는 워킹홀리데이와 같이 일을 하러 온 사람들이다. 그렇다면 나머지 1%는? 정말 신기하고 재밌었던 1%의 게스트를 소개한다.

독일에서 온 매티아스는 부끄러움을 많이 타는 친구였다. 게스트가 체크인한 첫날 대개 무료로 웰컴 음식을 대접하면서 이야기를 나누는데, 가장 큰 주제는 역시나 한국에 온 이유에 관해 얘기하는 거였다. 자연스럽게 이 야기를 유도하는 데는 이만한 주제가 없기 때문이다. 첫인상부터 슈퍼 내 향형이라고 얼굴에 쓰여 있는 매티아스에게도 이 주제 역시 반가운 이야깃 거리였다.

여름: 매티아스, 한국엔 무슨 일로 왔어?

매티아스: 혹시… 런닝맨이라고 알아?

여름: 런닝맨? TV 예능프로그램 「런닝맨」 말하는 거야? 아니 한 번 도 본 적은 없어. 하지만 알지, 왜?

매티아스: 그렇게 재밌는 걸 한 번도 본 적 없다고?

알고 보니 매티아스는 「런닝맨」의 찐 덕후였다. 휴대폰 바탕화면에도 「런 닝맨」 일러스트가 떡하니 자리 잡고 있었다. 하루는 외출하고 돌아오더니 교 통카드를 나에게 보여주며 자랑하는 게 아닌가? 교통카드 겉면에 「런닝맨」 일러스트를 붙여 꾸민 뒤 자랑하는 이 아이를 어쩌면 좋을까. 400회가 넘 는 「런닝맨」을 1회부터 모두 챙겨본 것은 당연하고 회당 2~3번은 돌려봤다 니…. 하긴 나도 『해리포터』에 빠졌을 때 잠도 안 자고 세 번씩 읽었으니까.

길을 지나갈 때 키가 큰 남성만 보면 내 귀에 "광수! 이광수!"를 수십 번 외쳤고, 아무리 예쁜 여자 연예인이 TV에 나와도 "에이~ 송지효보다 못하네."라고 했다. 왕년에 "신화창조!"를 외치며 신화 오빠들이 가는 곳이면 어디든 따라다녔던 덕질 DNA가 내 몸엔 있었기에 공감할 수 있는 덕질! 독일에 있을 때조차 유럽여행 한 번 해본 적 없다는 매티아스를 덕질 하나로 먼 타국까지 오게 하다니. 동서양 막론하고 덕후 만세!

> 매티아스: 나 한국에 취직하고 싶다. 「런닝맨」에서 내가 할 수 있
>   는 일이 없을까?
> 여름: 할 줄 아는 한국어라곤 "콩나물 팍팍 무쳤냐?"밖에 없으면서
>   어떻게 거기서 일해?
> 매티아스: 왜~ 보안요원으로 일하면 되잖아. SBS에 한 번 가볼까?

이런 말도 안 되는 농담을 진지하게 하는 매티.

> 매티아스: 나 진짜 가보고 싶은 곳이 있는데 같이 가줄 수 있어?
> 여름: 어딘데?
> 매티아스: 런닝맨!

영하 10도 강추위를 뚫고 달려간 인사동 런닝맨 체험관(현재는 폐업상태). 런닝맨 체험관에서 팔찌를 차고 미션을 하나하나 클리어 해나갔다. 체험관

에는 아이들뿐만 아니라 어른들, 외국인도 많았다. 런닝맨 체험관에 준비된 미션을 깬 뒤 R 포인트를 받기 위해 다들 온몸에 땀이 나도록 달리고 또 달렸다. 제한 시간이 끝나고 결국 우리는 미션을 다 성공하지 못했다. 하지만 성공 여부와 상관없이 아이처럼 깔깔거리며 웃고 사진 찍었다. 며칠 뒤 매티아스는 부산을 다녀오겠다고 했다. 게스트의 백이면 백 서울 다음으로(혹은 서울보다 더 좋아하는) 부산을 가고 싶어 해서 부산 여행을 가는가 보다 했는데. 이 녀석 런닝맨에 진심이었다.

매티아스: 부산 런닝맨에서는 모든 미션을 꼭 깨고 올게요!

온 세계인이 사랑하는 대한민국 예능프로그램 「런닝맨」. 매티아스가 한국어를 유창하게 해서 예능인으로 데뷔한 후 「런닝맨」에 나올 그날까지 「런닝맨」이 막을 내리지 않고 승승장구했으면 좋겠다.

한 여름밤의 도둑 출현 소동

- 나카타(남), 일본, 1개월

여름엔 찜통더위를, 겨울엔 시베리아의 혹독한 추위를 느낄 수 있는 건 전부 우리 집 옥상 덕분이다. 1999년 부모님이 4층 꼭대기에 있는 이 집을 구매할 당시 이 사실을 아셨더라면 얼마나 좋았을까. 여름이면 더위를 많이 타는 엄마는 거의 나체로 돌아다니고, 추위를 많이 타는 나는 한여름인 7,8월을 제외하고 수면 양말을 신는다. (하필 거실 바닥은 차디찬 대리석이다.)

하지만 몇십 년 뒤 코리안 루프탑에 로망이 있는 외국인 게스트가 우리 집에 찾아와 옥상 덕을 볼 줄 누가 알았겠는가! 4층 다가구주택 꼭대기 층인 우리 집은 독특하게도 옥상을 우리 집만 쓴다. 옥상으로 올라가는 길도 도배를 다 해서 꼭 2층 단독주택 같은 느낌이 난다. 옥상을 우리 집만 쓰는 혜택에는 여러 가지가 있는데, 햇빛이 쨍쨍할 때 엄마는 주로 이불 빨래를 말린다. 죽어가던 화분도 살리는 금손 엄마라 장미, 토마토, 상추 등 화분을 많이도 키우셨다. 내가 옥상에 올라갈 때는 한겨울 눈이 펑펑 온 날이다. 소복이 쌓여있는 눈을 나 혼자 밟기도 하고, 누워서 천사의 날개를 만들기도 한다. 수백 개의 별똥별이 내린다고 하는 날은 높은 언덕이나 관측소에 갈 필요 없이 우리 집 옥상으로 올라간다.

여름에 우리 집에 있는 게스트는 운이 좋다. 옥상은 우리 가족이 삼겹살 파티를 하는 핫스폿이다. 돗자리를 깔고 불판 위에 삼겹살 굽고, 엄마가 직접 담근 마늘장아찌까지! 서울 한복판에서 루프탑 삼겹살 파티를 누리는 외국인, 아니 한국인도 쉽게 경험하기 힘든 한여름 밤의 꿈이다.

여름에 우리 집에 있는 게스트는 운이 나쁘다. 무더위만으로도 감당하기 힘든데, 모기의 습격까지 더해지면 그야말로 진짜 한국의 여름이다. 오후 동안 쨍쨍 달궈진 옥상의 열기가 밤이 되면 방으로 슬금슬금 내려와 사우나를 방불케 한다. 에어컨이 없는 게스트 방이 미안했던지 엄마는 밤에는 한결 시원한 옥상에 모기장을 설치한 일등석을 일본인 게스트 나카타에게 양보했다. 나카타는 머쓱해하면서도 한국 아줌마의 과다 친절에 못 이겨 결국 옥상으로 올라갔다. 그렇게 우리 모두 굿나잇을 했는데….

"도둑이야!"

자다가 봉창 두드리는 소리, 아니 엄마의 괴성에 놀라 깬 나는 거실로 달려갔다. 불을 켜자 도둑은커녕 나카타가 거실을 서성이고 있었다. 비에 쫄딱 맞아 길을 잃고 헤매는 아기 생쥐 꼴을 한 채였다. 나카타에게 자초지종을 들어보니 대략 이랬다. 옥상에서 잘 자고 있는데, 비가 한두 방울 떨어져, 모기장을 정리하고 일단 거실로 들어왔다고 했다.

> 여름: 아니, 그럼 비 닦고 방으로 가면 되잖아요. 왜 여기에 있었어요?
> 나카타: 아, 저를 위해서 옥상에 잠자리를 마련해 주셨는데, 그냥 방
> 으로 들어가서 자면 예의 없는 행동이 될 것 같아 여쭤보고
> 들어가려고 기다리고 있었어요. 내일 일어났는데 옥상에 제
> 가 없으면 놀라실 것 같기도 해서요….

일본에서는 '남에게 폐를 끼치지 마라.'를 어릴 때부터 배우는데 이것을 '메이와쿠[7] 의식'이라고 한다. 일본인의 메이와쿠 의식을 예기치 않은 곳에서 경험하게 될 줄이야! 애초에 옥상에서 자라고 엄마가 억지로 나카타 등

---

7) 일본어로 '민폐'란 뜻으로, 일본인들이 어려서부터 교육을 통해 학습하는 '남에게 민폐를 끼치면 안된다'라는 의식을 뜻하는 말이다. (네이버 시사상식사전)

을 떠민 게 메이와쿠 아니었을까? 미안해서 어쩔 줄 몰라 하는 엄마와 무안해하는 나카타를 앞에 두고 나는 웃음을 참지 못했다.

우리 집보다 높은 집들이 하나둘 들어서면서 한여름 밤 옥상에서 잠을 잘 기회는 사라졌지만, 모기장과 옥상만 생각하면 빗속을 빠져나와 계단을 슬금슬금 걸어 내려 왔을 그날의 나카타를 절대 잊지 못한다. 나카타, 스미마셍(죄송합니다)!

외국인이 좋아하는 한식 1위가 불고기라고?

- 도로테(여), 독일, 6개월 | 케이트(여), 러시아, 1개월

어렸을 때 엄마를 도깨비나 마법사라고 생각했다. 먹고 싶은 음식을 얘기만 하면 뚝딱뚝딱 만들어주셨기 때문이다. 엄마의 음식 철학은 간단하다. 조미료는 안 쓰고, 밥은 항상 따뜻한 밥, 야채, 과일 많이. 덕분에 나 역시 (요리를 잘한다고 하고 싶지만) 배달음식이나 외식보다는 엄마가 해준 집밥이 좋다. 우리 집 홈스테이를 시작하기 전 분명 잘 될 거라는 확신은 바로 엄마의 집밥 때문이었다. 게스트가 있건 없건 우리 집은 엄마가 있을 때는 무조건 잘 챙겨

먹는다. 아침은 과일, 야채, 계란, 감자 또는 고구마를 섞어서 한 접시에 담아 주고, 저녁은 매일매일 바뀌는 엄마가 만드는 집밥이다. 그냥 밥, 국, 밑반찬을 먹을 때도 있고, 삼계탕, 삼겹살 등 특식을 준비할 때도 있다. '외국에 나오면 잘 챙겨 먹어야 한다.'고 생각하는 엄마인지라 게스트들에게 아낌없이 넉넉히 음식을 준다. 그리고 게스트들의 입에서 "정말 맛있어요."라는 말 한마디에 어깨가 으쓱해지는 엄마이다. 엄마와 싸우다가도 엄마가 만든 김치 한입에 무장 해제되는 나. 그건 외국인 게스트들도 마찬가지였다. 어느 날 집에 돌아와 보니 엄마가 밑반찬을 만들고 있었다. 한 번에 보통 3~4가지 밑반찬을 한 번에 하는 엄마. 그 모습을 지켜보고 있던 도로테는 이렇게 말했다.

도로테: 오늘 학교에서 제일 좋아하는 음식을 적으라고 했는데 뭘 적
　　　었게요?

여름: 음. 삼겹살?

도로테: 아니야.

엄마: 삼계탕?

도로테: 아니에요. 정답은 아줌마가 만든 멸치볶음.

여름: 도로테 너 해산물 못 먹잖아. 근데 멸치볶음은 괜찮아?

도로테: 응. 아줌마가 만든 멸치볶음 너무 맛있어.

Chapter 2   어서 오세요, 서울홈스테이입니다

항상 기사로만 접했던 외국인이 좋아하는 한식 리스트. 삼겹살, 삼계탕, 불고기가 아닌 뜻밖의 대답에 엄마는 입이 귀에 걸린다.

"도로테, 멸치볶음이 그렇게 맛있었어? 끊기지 않고 해줄게."

내가 한국을 사랑하는 이유 중 하나는 음식이다. 수십 가지의 김치와 셀 수 없이 많은 종류의 음식들. 추울 땐 이걸 먹어야 하고, 더울 땐 저걸 먹어야 한다. 비 올 땐 막걸리에 파전을, 스트레스가 쌓였을 때는 매운 떡볶이를! 하지만 뭐니 뭐니 해도 엄마가 해주는 집밥이 나에게는 최고이다. 한국에 잠깐 오는 외국인들이 흔히 먹을 수 있는 음식이 아닌 홈스테이를 하면서 진짜 집밥을 먹을 수 있어서 괜히 한국 홍보대사가 된 기분이었다. 엄마가 만든 음식을 항상 사진으로 남기는 게스트도 있었다. 그런데 단 한 번도 사진을 찍지 않던 케이트가 마지막 날 음식 사진 한 장을 남겼다. 그건 그냥 엄마가 해준 따뜻한 밥.

케이트: 러시아로 돌아가면 이 밥이 그리울 거예요. 따뜻한 보라색
밥. 너무 맛있어요.

밖에서 먹는 하얀 쌀밥이 아닌 검정 쌀, 귀리, 보리쌀, 찹쌀, 현미를 섞어 따끈따끈하게 지은 밥. 어렸을 때부터 엄마에게 엄마 요리를 칭찬할 때마다 엄마는 이렇게 대답했다.

"아무것도 아니야. 이게 뭐라고. 주부면 다 하는 건데."

그럴 때마다 나는 엄마에게 이렇게 이야기한다.

"엄마, 그거 아무것도 아닌 거 아니야. 대단한 거야. 오늘도 맛있게 잘 먹었습니다."

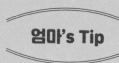

엄마's Tip

우리 집은 설날, 추석에 제사상을 차리기 때문에 명절에 우리 집에 온 게스트는 무척 운이 좋습니다. 함께 전도 부치고 명절 음식 서비스도 많이 주거든요. 매년 김장하는 날은 게스트가 가장 기다리는 날입니다. 김장을 하고 싶다고 체크인하기 전에 물어보는 게스트도 있을 정도예요. 온 가족이 김치를 만들고, 직접 만든 김치와 수육 보쌈을 먹으면 최고죠.

우리 집에 머무는 게스트는 각자 관심사가 다 달라도, 공통점이 있는데요. 모두 한국 음식을 좋아한다는 것입니다. 처음에 우리 딸이 한국 음식을 잘 못 먹는 외국인도 많으니, 잘 못 먹더라도 상처받지 말라고 했습니다. (한국 음식이 세상에서 최고라고 생각하지만 뭐 이해는 했습니다. 저도 해외 가면 음식이 안 맞는 경우가 많으니까요.) 그런데 웬걸, 편식하는 우리 딸보다 외국인 게스트들이 훨

씬 한국 음식을 잘 먹어서 신기하기도 하고 부럽기도 합니다.

저와 딸은 매운 음식을 못 먹는데, 엄청 매운 음식도 잘 먹는 외국인 친구들을 보면 신기합니다. 제 고향은 전라도인데, 전라도에서는 팥칼국수를 자주 해 먹었어요. 밖에서는 만나기 힘든 팥칼국수를 함께 만들기도 하는데, 음식을 함께 만들면서 재밌는 추억을 많이 만들곤 합니다. 체크인 전에 한국 음식 만들기를 체험해 보고 싶다는 외국인이 참 많아요. 그러니 홈스테이를 한다면, 꼭 한식을 같이 만들어 보세요. 거창한 음식이 아니라 멸치볶음, 콩나물무침같이 평소에 반찬으로 먹는 음식을 가르쳐 달라고 하는 경우가 더 많았어요. 영어를 못해도 손짓, 발짓, 눈짓이면 다 통하니 걱정 말고요!

우리 집 아침 식사, 토파치란의 유래

- 아이린(여), 튀르키예, 일주일

나에게 여행이 즐거우면서 약간 두려운 이유는 바로 음식이다. 한국을 벗어나 다른 나라에 가면 물이 안 맞아서인지, 음식이 안 맞아서인지 배탈이나고 체하기 일쑤였다. 식탐이 많으면서도 음식에 매우 까탈스러운 나. 하지만 이게 웬걸, 튀르키예에 가니 내 위와 장도 형제의 나라를 알아본다. 한국에서 흔히 볼 수 있는 케밥은 물론, 거짓말 조금 보태 내 머리만 한 감자에 이것저것 맛있는 것만 몽땅 넣어 비벼주는 쿰피르, 술 없이는 살아도 단

것 없이 못 사는 나에게 천국을 선사해 준 다채로운 로쿰까지! 세계 3대 요리 국가에 왜 튀르키예가 이름을 올렸는지 한 달 동안 언니와 함께한 튀르키예 배낭여행을 (가장한 식도락 여행) 통해 느낄 수 있었다.

튀르키예에서 온 게스트가 있다 하니, 평소엔 바쁘다고 잘 오지도 않던 언니가 한걸음에 달려왔다. 우리의 진하고도 찐했던 튀르키예 여행을 상기시켜줄 아이린을 보러 온다면서. 우리 셋은 자연스레 튀르키예 여행으로 이야기꽃을 피웠는데, 90%는 음식 얘기였다.

언니: 십 년도 더 됐지만, 항아리 케밥은 잊을 수가 없어.

여름: 난 정말 튀르키예에서 먹은 모든 음식이 다 맛있었는데…. 아! 하나 빼고. 고등어 케밥은 내 입맛엔 안 맞더라.

아이린: 그럼 내가 튀르키예 여행시켜줄까요? 메네멘 알지?

언니: 메네멘? 그게 뭐지? 그건 안 먹어본 것 같은데…. 내가 기억을 못 하는 건가?

아이린은 시장에서 이것저것 사 오더니 뚝딱 메네멘이란 음식을 만들었다. 토마토, 햄, 양파, 계란, 치즈. 뭐야, 내가 좋아하는 재료가 다 들어가 있잖아? 토달볶이랑 비슷한데…. 토달볶이[8] 중국이라면, 메네멘은 지중해 향

---

8) 토마토 달걀 볶음의 줄임말

이 물씬. 겉은 바삭 속은 촉촉한 바게트에 메네멘을 올려 먹으니 내가 좋아
하는 이국적인 맛이 났다. 언니와 눈 비비며 게스트하우스 조식을 먹으러 일
찍 일어났던 그때가 생각났다. 음식 하나로 우린 튀르키예 여행 중!

> 아이린: 한국의 부먹 찍먹[9]처럼 튀르키예에선 메네멘에 양파를 넣
> 느냐 마느냐로 싸우는데, 난 양파를 넣는 게 더 좋거든.
> 언니: 헐 아이린, 부먹 찍먹도 알아?
> 아이린: 당연하죠~ 전 찍먹이에요.

아이린에게 메네멘을 전수받은 후 내 아침 식사는 거의 메네멘이 되었다.
사실 아이린에겐 미안하지만, 메네멘은 우리 집안에서 다른 이름으로 통한
다. K-메네멘이라고나 할까?

> 은하: 이모! 엄마가 토파치란 해줬는데, 진짜 맛있어.
> 여름: 토파치란? 그게 뭐야?
> 언니: 아이린한테 배운 메네멘 있잖아. 그거 해줬더니 엄청나게 잘
> 먹는다. 은하가 이름까지 지었다. 토마토의 토, 양파의 파, 치즈

---

9) '부어 먹기 찍어 먹기'를 줄여 이르는 말로, 탕수육과 같이 소스가 따로 나오는 음식에 소스를 부어 먹을 것인
지 찍어 먹을 것인지를 선택하는 일 (네이버 어학사전)

의 치, 계란의 란, 일명 토파치란! 진짜 입에 착착 붙지 않아?

아이들의 창의력은 따라갈 재간이 없다. 출출한 아침, 밥을 먹기엔 귀찮고 시리얼을 먹기엔 심심할 때 토마토, 양파, 치즈, 계란을 준비하세요. 맛있는 메네멘 아니, 토파치란 완성! 경험상 남녀노소 모두 좋아한답니다.

🏠 토파치란 만드는 법

준비물: 토마토, 양파, 치즈, 계란, 올리브유

1. 토마토, 양파를 잘게 썰어 준비한다. (기호에 따라 햄, 고추도 잘게 썰어 준비)

2. 올리브유 넣고 양파를 볶는다.

3. 양파가 투명하게 익으면 토마토도 넣고 볶는다.

4. 어느 정도 익으면 계란을 넣어준다.

5. 계란 위에 모차렐라 치즈를 넣고 뚜껑을 덮어준다. (계란을 너무 익히지 말 것!)

6. 완성! 바삭바삭한 빵에 토파치란을 올려 먹어보세요. 메르하바~ 여기가 튀르키

   예랍니다!

편견은 무지에 대한 감정적 몰입이다

– 댄(남), 영국, 3개월 / 제인(여), 캐나다, 1개월

댄: 한국에 2년 전에 2주간 왔을 때 지하철을 탔어요. 지하철에서 어떤 아저씨가 나를 보더니 나에게 침을 뱉었어요. 난 당황했지만 아무 말도 못 했어요. 그땐 2주 동안 똑같은 샌드위치만 먹었어요.

여름: 뭐라고? 나도 비슷한 경험이 있어. 나 대학교 1학년 때 영국을 갔었는데, 영국에서 인종차별을 당했어. 난 아무것도 하지 않았는데, 사람들이 나한테 손가락 욕을 하

고 유리병을 나한테 던져서 내 앞에서 깨졌어. 그땐 어려

서 무섭기만 했던 거 같아. 화가 났지만, 아무것도 못했어.

(우린 영어로 대화했지만, 댄이 꼭 나에게 존댓말로 하고 이야기하는 것처

럼 느껴졌다.)

댄과 함께 저녁을 먹는 어느 날, 그날의 화두는 '차별'이었다. 댄은 평범한 영국 사람이었는데, 한국 사람과 조금 다른 모습이라면 길고 멋진 수염을 기르고 있었다. 영국에서 온 조용하고 착하고 웃는 모습이 예쁜 청년이었다. 그는 한국 음악, 특히 '볼 빨간 사춘기'를 좋아했고, 나는 어렸을 때부터 영국 밴드들의 음악을 즐겨 들어 서로 반대인 우리의 모습이 신기했다. 하여튼 그런 그가 당한 이런 말도 안 되는 차별 대우에 화가 났다.

채식주의자, 동성애자, 다양한 인종의 게스트들이 우리 집에 머물면서 엄마도 세상의 다양성을 직접 보고 경험했다. 엄마가 50년 동안 한국에서 알고 지낸 지식과 경험들이 흔들리는 순간이 더러 있었다.

캐나다에서 온 제인은 예약 전부터 활기가 넘쳤다. 본인을 청각 장애인이라고 소개했다. 장애인 게스트는 처음이어서 우리 집이 불편하지 않을까 하는 생각을 했지만, 별문제가 없을 것 같아 예약 요청을 받아들였다. 지금도 엄마는 제인에 대해서 이렇게 기억한다.

"우리 집에 온 게스트 중 가장 밝고 에너지 넘치고, 무엇이든 잘 먹는 게

스트. 무엇이든 혼자 척척 해내고, 혼자서도 서울 이곳저곳을 잘 돌아다닌 행복한 청년."

제인을 만나기 전 엄마는 장애인은 어딘가 슬프고 기력 없는 모습일 거라는 편견을 갖고 있었다. 서울홈스테이는 나와 엄마에게 편견과 선입견이라는 문을 매일 조금씩 걷어주고 열린 마음으로 사람을 대하기를 알려준다.

'편견은 감정적 몰입이고, 무지에 대한 해결책은 교육이다.'[10]

미국 여행 중 읽은 책 『다른 사람 모카신 신고 1마일 걷기』에 나오는 나단 러스틴의 편견에 대한 정의이다. 나는 운 좋게 대학 생활을 외국에서 조금 했고, 그 덕에 다양한 사람들을 많이 만났다. 다양한 국적, 인종, 나이 등. 그리고 5년 넘게 홈스테이를 하면서 많은 사람을 만나고, 그 덕에 사람에 대한 이해의 폭이 넓고 편견이 적을 거라고 자신했었다. 엄청난 오만이었다. 생애 첫 미국 여행 중 나도 모르게 흑인을 보면 흠칫흠칫 놀랐다. '왜 이래, 흑인을 처음 본 것도 아니잖아.' 흑인에 대한 나의 편견에 놀랐다. 멋있게 잘 차려입은 백인들을 보면 나도 모르게 주눅이 들었다. 화장실에서 물을 안 내리고, 길거리에서 휴지도 없이 손으로 코를 푸는 백인들을 보고 '어? 백인들도 똑같네.'라며 놀라워했다. 백인들에 대한 나의 편견이 떠오르는 순간이

---

10) 나단 러스틴의 편견에 대한 정의 인용. 제인 엘리엇 지음, 정혜영 옮김, 『다른 사람 모카신 신고 1마일 걷기』 한뼘책방, 89-90쪽.

었다. 이 책을 읽으면서 내 무지와 내 내면의 인종주의에 대해 반성하게 되었고, 그 무지를 망각하고 살아왔다는 점에서 매우 부끄러웠다.

'교육기관의 중요하고 피할 수 없는 목적은 인간에 대한 시야를 넓히는 것, 그리하여 진정한 공감 능력을 키우고, 인간을 무지와 통념과 적대감과 다른 모든 형태의 비인간성의 압박으로부터 해방시키는 것이다. 제인 엘리엇의 기여는 우리가 교육을 통해 이해와 수용, 공감에 의해 하나가 된 사람들을 길러내는 것이 가능함을 보여준다.'[11]

그렇게 서울홈스테이는 편견에 맞서는 교육기관이고, 외국인 게스트는 선생님이다. 여긴 엄마와 내가 세상을 배울 수 있는 또 하나의 학교인 셈이다.

22살 핀란드에 도착한 후 이상한 점 하나를 발견했다. 헬싱키 어디를 다녀도 유독 장애인이 많았다. 나는 아무 생각 없이 옆에 있던 친구에게 이렇게 말했다.

"신기하다. 핀란드에는 장애인이 되게 많네."

그러자 내 친구 역시 아무 생각 없이 대답했다.

"한국에도 많겠지. 그저 밖에 다니기 불편하니까 안 나오는 거겠지."

순간 머리를 한 대 맞은 것 같았다. 이게 내가 핀란드에서 가장 먼저 받

---

11) 제인 엘리엇 지음. 정혜영 옮김,『다른 사람 모카신 신고 1마일 걷기』한뼘책방 314쪽

은 컬처쇼크였다. 핀란드가 괜히 선진국이 아니었다. 유럽에서는 매년 「유로비전」이라는 음악 오디션이 열린다. 셀린 디온, 아바를 배출한 오디션이며, 각국 국민들의 엄청난 관심을 끄는 오디션이다. 그런데 2015년 이 오디션에서 핀란드 대표로 출전한 록밴드가 준결승까지 진출했다. 그 록밴드의 이름은 페르티 쿠리칸 니미패이배트(핀란드어: Pertti Kurikan Nimipäivät), 바로

장애인 밴드이다. 그 흔한 우리나라 오디션 프로그램에 장애인이 나온 장면을 별로 본 적이 없다. 현재 내게 중요한 가치, 다양성은 아마 핀란드 유학 시절의 경험을 통해 만들어진 것일지 모른다. 나는 한국 사람들의 행복 지수가 유독 낮은 이유를 자기 자신에 대한 고민 부족과 다른 사람과의 비교, 다양성 부족에서 찾곤 한다. 많은 게스트가 한국에 와서 비슷한 목소리로 내게 하는 말이 있다.

"한국은 장애인에게, 아이가 있는 부모에게, 채식주의자에게 살기 참 불편한 도시이다."

3개월 동안 우리 집에서 머물던 댄은 처음에는 잘 나가지도 않았고, 한국 음식도 잘 먹지 못했다. 그러나 시간이 지난 후 한국 친구들을 많이 사귀었고, 그 덕분인지 나중에는 나도 못 먹는 한국 음식까지 먹으러 다녔다. (염통, 닭발까지.) 댄과 제인이 한국에서 행복한 시간을 보냈던 것처럼, 점점 더 다양한 사람들이 이곳에서 행복할 수 있기를 오늘도 기도한다.

내가 그의 이름을 불러주었을 때
그는 내게로 와서 꽃이 되었다.[12]

- 빅토리아, 마리아(여), 스페인, 1개월

소울메이트라는 말이 조금 낯간지럽긴 하지만, 나에게는 소울메이트가 있다. 그 친구도 나를 소울메이트라고 생각하는지는 모르겠지만, 나는 그렇게 느꼈다. 내가 핀란드에서 만난 스페인 친구 앙켈라(Angela). 그녀를 만나고 함께 지내면서 '가족이 아닌 다른 사람의 기쁨이 온전히 내 기쁨이 될 수

---

12) 김춘수 시인 '꽃' 인용.

있구나.'라고 느끼게 해준 사람이다. 15년이 지난 지금까지도 우린 행복할 때, 슬플 때 연락하며 친구로 지내고 있다. 언제나 "여름, 네가 하고 싶은 걸 해."라며 외치던 그녀는 내 인생에 영향을 미친 사람 TOP 3에 항상 이름을 올리는 사람이다.

그렇기 때문에 스페인 사람이라면 나에겐 게스트로서 1차 서류합격이나 다름없었다. 홈스테이를 시작한 지 5년 차에 처음으로 스페인에서 예약 문의가 들어왔다. 국적 말고도 처음인 게 또 있었다. 바로 엄마와 딸 2명이 함께 온다는 점. 선입견이긴 하지만 역시나 스페인 사람답게 인터넷으로 전해지는 친화력과 수다스러움이 느껴졌다. '역시, 난 스페인 사람들이랑 잘 맞아.' 그들이 한국에 오는 이유는 마리아(딸)가 한국의 한 대학교에 입학할 예정인데, 사전 준비를 위해 함께 온다는 것.

그런데, 예약금을 받지 않은 상황에서 나에게 부탁을 하였다. 마리아가 지원하려고 하는 대학교에 지원을 위해 돈을 입금해야 하는데, 학교에 연락해도 의사소통이 잘 안 된다는 것이다. 결국은 나에게 15만 원 정도 되는 금액을 본인 대신 보내줄 수 있냐는 내용이었다. 예약금도 받지 않고 이들을 만난 적도 없어 거절하려고 했지만, 순간, 내가 교환학생을 하던 시절을 떠올렸다. 나 역시 타국에서 외국인으로서 교환학생으로 지내던 때 힘든 것이 많았지만, 많은 사람이 도와주었기 때문에 무사히 외국 생활을 할 수 있었다. 학교에 전화해서 마리아 대신 돈을 보내주면 됐기 때문에 흔쾌히 해주겠다

고 했다. 결국엔 해프닝으로 끝났지만, 이 사건으로 마리아와 마리아 엄마 빅토리아는 나를 신뢰했고, 그들은 무사히 한국에 왔다.

체크인하는 날 빅토리아는 어째 슬퍼 보였다. 갑자기 우리 엄마를 보더니, 눈물을 흘렸다. 어린 자식을 외국으로 보내는 빅토리아의 마음이 계속 불안하고 긴장했었나 보다. 그런 그 마음이 우리 엄마를 보자 스르르 풀렸다고 했다.

> 빅토리아: 여름, 마리아가 한국에서 대학 생활을 한다고 해서 걱정
> 이 너무 많았는데, 너와 네 엄마를 보니까 마음이 놓여. 정
> 말 고마워! 너와 네 엄마를 저녁 식사에 초대하고 싶어.

홈스테이 5년 만에 우리 둘을 저녁 식사에 초대한 첫 게스트였다. 우리는 함께 식사했고, 엄마도 동갑내기 친구를 만나니 웃음꽃이 피었다. 비록 말은 전혀 안 통할지라도…. 식사 후 빅토리아가 갑자기 나에게 물었다.

> 빅토리아: 여름, 네 엄마 이름이 뭐야?
> 여름: (내 이름을 물어보는 줄 알고) 여름.
> 빅토리아: 아니, 너 말고 엄마 이름.
> 여름: 아, 최순례. 최. 순. 례.

빅토리아: 순레야, 고마워, 사랑해.

엄마와 나, 빅토리아와 마리아, 우리 넷은 다 같이 껄껄껄 웃었다. 옆에 있
던 다른 사람들도 빅토리아가 엄마 이름을 부르는 소리에 함께 웃었다. 2주
간 우리 집에서 머물고 스페인으로 돌아간 빅토리아와 마리아는 얼마 후 다
시 우리 집을 2주간 예약했다. 엄마와 나를 위해 요리를 해주려고 스페인에

서 갖가지 재료까지 가져왔다. 심지어 한국에 있는 채소까지 굳이 가져와서 한바탕 웃음바다를 만들었다.

고기를 못 먹는 빅토리아가 어느 날 밖에서 너무 맛있는 면 요리를 먹었다며 우리와 함께 꼭 가고 싶다고 했다. 해산물이 많아서 한국 여행을 기대했다는데, 생각보다 해산물을 먹을 수 있는 곳이 많이 없어서 실망한 빅토리아를 유혹한 그 면 요리는 대체 뭘까? 정체가 궁금한 그 식당은 다름 아닌 작고 예쁜 분식집이었다. 그리고 대망의 면 요리는 짜파게티. 빅토리아가 한국에 와서 음식을 먹으며 그렇게 행복해하는 모습은 처음 봤다. 엄마, 나, 빅토리아, 마리아 이렇게 우리 넷이 있을 때 항상 영어로 대화했다. 자연스럽게 엄마는 대화에서 소외되었고, 내가 계속 통역을 해주는 것도 한계가 있었다.

빅토리아: 순례가 영어를 배우면 참 좋을 것 같아. 정말 똑똑한데 지금부터 시작하는 게 어때? 난 스페인에 돌아가면 한국어를 배울 생각이야.

여름: 엄마, 빅토리아도 그러잖아. 엄마 영어 배우면 정말 잘할 것 같대.

엄마: 안돼. 난 머리가 안 돌아가서 안 돼. 지금 배워서 뭐 해?

빅토리아가 얘기하기 전, 몇 년 전부터 나도 엄마에게 영어를 배워보는 게 어떻겠냐며 제안하고 설득했지만, 엄마에게 나의 외침은 소리 없는 아우성에 불과했다. 번역기도 있고 내가 알려주면 된다고 하면서…. 사실 엄마가 영어를 못해도 홈스테이는 잘 운영되었다. 하지만 난 엄마가 새로운 도전을 해보면 좋겠다고 생각했다. 내가 일본에 잠깐 살았을 때 친했던 할머니가 있었다. 그분의 이름은 준코. 연세가 칠십인 준코 할머니는 영어를 나보다 더 잘했다. 너무 신기해서 어떻게 영어를 그렇게 잘하시냐고 물어보니, 이렇게 대답하셨다.

"내가 60살 생일 때 다짐했지. 영어를 한 번 배워보면 어떨까? 하고. 60살부터 시작했고 매주 이틀, 지금까지 미국인과 영어 공부를 하고 있어."

준코 할머니보다 젊은 우리 엄마도 분명할 수 있는데!

여름: 빅토리아, 소용없어. 우리 엄마한테 안 통해.

그런 나의 만류에도 끊임없이 빅토리아는 엄마에게 외쳤다.

빅토리아: 순례, 원데이 잉글리시 클래스, 투데이 잉글리시 클래스, 쓰리데이 잉글리시, 잉글리시, 잉글리시, 잉글리시….

유.캔.두.잇!

한국어를 하나도 못하는 빅토리아와 영어를 못 알아듣는 엄마. 그러면서도 둘은 잘 이야기했다. 빅토리아는 영어로 말하고 엄마는 한국어로 이야기했지만, 둘은 쉴 새 없이 이야기했다.

엄마: 이거 봐~ 나 영어 하나도 못하는데도 빅토리아랑 잘 통하잖아!

빅토리아는 지금 스페인에서 한국어 학원에 다니며 한국어를 배우고 있다. 빅토리아의 영향인지는 모르겠으나, 엄마도 게스트와 함께 영어 공부를 틈틈이 하고 있다. 그렇게 빅토리아는 엄마의 이름을 불러주었고, 둘은 친구가 되었다.

한 지붕, 세 국가

- 아담(남), 프랑스, 1개월 | 매티아스(남), 독일, 1개월

파리신드롬 13)

아담: Tohwajulkayo?

엄마: 여름아 이리 와봐, 얘 프랑스 말로 뭐라고 하는데 못 알아듣겠어.

---

13) 프랑스 파리를 처음 방문한 외국인이 파리에 대한 환상과 현실의 괴리를 극복하지 못하고 피해망상이나 우울증 등을 겪는 적응장애의 일종이다.(네이버 시사상식사전)

아담: Tohwajulkayo? Tohwajulkayo?

여름: 뭐라고?

　나 역시 처음 아담이 얘기했을 때 '영어 할 줄 알면서 왜 프랑스어를 하지?'라고 생각했다. 하지만 그건 프랑스어도 영어도 아니었다. 바로 "도와줄까요?"였다. 우리 집 첫 프랑스 게스트 아담. 그는 파리에서 온 유쾌한 청년이었다. 한국에는 다섯 번째이고, 대학을 졸업하고 서울에서 직장을 구

웰컴 투 서울홈스테이

하러 왔다고 했다. 한국의 한 대학에서 1년 동안 교환학생으로 있었기 때문에 한국 문화에 대해서 잘 알고 있었다. 키 192cm에 전직 운동선수라 겉으로 보기엔 범접하기 힘든 아우라가 있지만, 한국말만 하면 우리 집 귀염둥이 막내로 변신하곤 했다. 휴대폰엔 자기 이름을 '아담'이 아닌 '다미'라고 써 놔서 얼마나 웃었는지.

아담: 엄마, 김밥이 고장 났어.

엄마: (하하하) 그럴 땐 김밥이 터졌다, 라고 하는 거야.

아담: 야 누나! 한국어 공부해서 내 머리가 고장이 나!

여름: 야, 누나라고 하라 그랬지. 야 누나가 아니라고.

아담: (미소) 알았어. 누나…야! (아이 미소)

여름: 나 땐 말이야…. 하루에 1,000개를 외웠어. 넌 하루에 단어 100개만 외워.

아담: 안돼. 나 한국 사람 아니야.

여름: 알았어. 그럼 30개만 외워.

아담은 우리 엄마를 아줌마, 이모, 저기요 등이 아닌 '엄마'라고 부른 첫 번째 외국인 게스트였다. 나에게는 물론 누나라고 불렀다. 아니, 항상 '누나, 야' 또는 '야, 누나'라고 부르며 장난치는 우리 집 막둥이

였다. 그런 아담이 아들같이 편했는지 엄마는 장을 보러 갈 때마다 아담을 데리고 다녔다. "아담, 렛츠고"라며 아담에게 도움을 요청할 때마다, 아담은 싫은 내색 없이 엄마를 따라나섰다. 주렁주렁 알타리를 들고 엄마 옆에 꼭 붙어 다니던 착한 다미!

나는 20살에 첫 유럽 여행을 떠났고, 프랑스를 가장 기대했다. 왜 그런지 모르겠지만, 나 역시 어렸을 때부터 프랑스에 대한 환상이 있었다. 로맨틱한 거리와 아름다운 프랑스어. 하지만 실상은 완전히 달랐다. 사람들은 불친절했고, 길거리는 상상 이상으로 지저분했다. 내가 품어왔던 환상이 깨지면서 나 역시 파리신드롬을 조금이나마 느낄 수 있었다. 하지만 아담은 그전까지 내가 알고 있던 파리신드롬과는 전혀 다른 역(逆)신드롬을 경험하게 해주었다.

독일 vs 프랑스, 프랑스 vs 독일

"이런 실수를 하면 어떡해."

맙소사. 홈스테이 운영 이래 나의 첫 실수! 우리 집 게스트 방은 한 개인데, 같은 기간에 두 명 예약을 받았다. 오마이갓! 늦게 예약한 아담을 취소할

까? 아니면 조금 늦게 체크인하는 매티아스에게 미안하다고 이야기하고 취소를 할까? 어떻게 하지? 하고 고민하던 중 엄마는 결단을 내렸다.

"둘 다 한국 여행 기대할 텐데 취소하지 말자. 우리 잘못이니까 내가 너랑 방 같이 쓰고 매티아스는 내 방 쓰라고 하자."

이렇게 홈스테이 최초 한 지붕 세 국가 생활이 시작되었다. 대한민국, 프랑스, 독일. 매일 아침 두 장정과 작은 식탁에서 밥을 먹으니 북적북적했다. 엄마가 아침저녁으로 보는 일일드라마를 할 때면 아담과 매티아스는 한국어도 모르면서 시간 맞춰 TV 앞으로 모여들었다. 오마이갓! 을 연발하면서도 멈출 수 없는 (막장) 드라마의 힘. 한국 드라마는 흡입력이 대단하다.

아담: (드라마에서 여자 배우가 화장을 지우지 않고 자는 모습을 보자) 맙소사!

한국 여자들은 화장을 안 지우고 자?

여름: 당연히 아니지. 저건 그냥 드라마니까 그렇지. 누나 봐봐. 항

상 지우고 자잖아.

아담: 음, 그건 얘기 안 해도 알 수 있지. 매일 아침 쌩얼….

매티아스: 누나, 아침에 방에서 나올 때마다 일본 영화에서 나오는

그거 같아.

여름: (내심 기대하며) 누구?

매티아스: 링! 링에서 나오는 귀신.

여름: 이것들이….

어렸을 때 언니, 동생과 함께 자라서인지 다시 삼 남매로 돌아간 기분이
었다. 우리 셋은 틈만 나면 서로 놀리고 장난을 쳤다. 프랑스 vs 독일 월드
컵 결승전도 아닌데, 둘이 열렬하고 유치하게 장난치는 모습을 흐뭇한 누
나 시선으로 지켜보았다.

아담: 프랑스는 마카롱도 있고, 에펠탑도 있지. 무엇보다 로맨틱한

남자들? 나처럼.

매티아스: (어이없다는 듯이) 독일 하면 자동차지. 한국에서 봤지? 다들

독일 차 끌고 다니는 거?

아담: 아니. 아니. 못 봤는데?

여름: 너네 둘은 왜 만나기만 하면 으르렁이니?

매티아스: 독일이랑 프랑스니까!

아담: 프랑스랑 독일이니까!

한국어를 조금 하는 아담에 비해 매티아스는 전혀 못 했는데, 그래서 벌어지는 해프닝도 많았다.

여름: 나는 자전거 타는 거 좋아해.

매티아스: 유두? 유두? (You do? 아 그래?)

엄마: 푸하하하, 유두? 넘 야하다. 자식이 밝히네.

하루는 엄마가 매티아스에게 조카 사진을 보여주었다. 태어난 지 얼마 안 된 발가벗은(고추 달린) 아기 사진이었다. 그 사진을 보더니, 번역기를 두들긴 후 이야기하는 매티아스의 한마디에 우리 모두 쓰러졌다.

매티아스: 저도, 있어요.

Just a Feeling

"왜 손을 잡아서 망치냐고 망치길."

소개팅하고 들어와서 엄한 매티아스에게 푸념을 늘어놓았다. 대화도 잘
통하는 것 같았는데, 마음의 준비가 덜 된 상태에서 상대방이 훅 들어오자
그동안 좋았던 감정도 무너지고 말았다.

> 매티아스: 두 번째 만남이라며, 당연하지~! 남자니까 당연해.
>
> 여름: 무슨 소리야. 난 시간이 더 필요하다고.

매티아스: 왜, 소개팅이라며. 그럼 그게 당연하지.

여름: 하여튼, 난 소개팅 싫어. 다시는 안 할래.

매티아스: 참 신기해. 소개팅으로 연인을 만나는 거.

한국에서는 소개팅이 흔하지만, 유럽에서는 흔하지 않다는 건 알고 있었다. 그래도 매티아스는 소개팅이 유독 이상하다는 반응이었다.

여름: 왜. 소개팅이 뭐 어때서. 직장 다니고 하면 사람 만날 기회가 없으니까 그렇지. 그럼 독일에선 어떻게 만나는데?

매티아스: 그냥 길에서나, 어디서든 만날 수 있지.

여름: 그 사람이 누군지도 모르는데 어떻게?

매티아스: Just a feeling(그냥 느낌으로).

여름: 그냥 느낌으로?

매티아스: 응. 보고 관심 있으면 가서 남자친구 있는지 물어보고. 있다 하면 마는 거고, 아니면 연락처 달라고 하는 거지.

여름: 말이 쉽지. 그 사람에 대해서 잘 모르는데? 그 사람이 누군지, 뭐 하는 사람인지….

매티아스: 그 사람에 대해서 모른다니? 일단 느낌이 좋으면 같이 시간 보내 보고 맞으면 사귀는 거지. 나한테 소개팅은 너무

이상해. 그 사람에 대해서 알고 만나는 건 그 사람 그냥 자체를 보는 게 아니잖아. 그냥. 나한테는 편한 감정이 너무 중요해. 만나서 일단 즐겁게 놀아보고 편한 상태로 그 사람을 보는 게 중요해. 소개팅은 뭔가 회사에서 하는 미팅 같아. 그래서 싫어. 시간 낭비 같아.

여름: 주선자가 어떤 사람인지 알려 주잖아. 사진을 교환할 때도 있고.

매티아스: 그건 다른 사람의 말을 통해서 듣는 거잖아. 사진은 달라. 실제로 내가 만나서 연락처를 물어볼 때 알 수 있잖아. 표정, 얼굴, 제스처…. 만약에 물어보고 별로면 데이트 안 하면 되고.

여름: 흥미로운 관점이네. 그럼 나도 한 번 시도해볼까? 그냥 느낌 가는 대로.

일본에서 만난 산타클로스, 준코 할머니

- 여름(여), 대한민국, 4개월

일본 교환학생 시절, 내가 다니던 학교에서 학생과 지역 주민을 매칭시켜 주는 Host Family 프로그램이 있었다. 지역 주민이 희망하면 학교에 방문해 Host Family로 등록하고 매칭된 외국인과 교류할 수 있는 프로그램이다. 나는 기숙사 근처 70대 여성인 준코 할머니와 매칭이 되었다. 그 당시 내 일본어가 매우 서툴렀기 때문에 준코 할머니를 만나 뵙기 전에 걱정이 많았다. 다른 외국인 친구들을 보니 호스트 가족과 한 두어 번 형식적인 만남 이

후 언어 때문에 교류를 중단하는 경우를 많이 봤기 때문이다.

첫날 준코 할머니의 초대로 할머니 댁에 방문했을 때 나보다 영어를 더 잘하시고 에너지도 넘친 모습에 반해버렸다. 난생처음으로 외국어를 잘하는 할머니를 뵈니 신기해서 비결을 여쭤보았다. 60세 생일부터 일주일에 두 번 꼬박꼬박 외국인과 영어 공부를 십 년 동안 해오고 있다 하셨다. 준코 할머니는 마치 한국인처럼 정이 넘치게 날 환대해 주셨다. 따님은 결혼해서 출가했고, 남편분은 아직 일하셔서 혼자 있는 시간이 많고, 영어를 쓸 수 있어서 이 프로그램에 지원했다고 하셨다.

준코 할머니는 주말이면 나와 내 친구들까지 초대해 항상 맛있는 음식을 대접해 주셨고, 학생들이 쉽게 갈 수 없는 멋진 레스토랑에도 데려가 주셨다. 외국인 관광객이 절대 알 수 없는 굽이굽이 산골 깊은 온천마을에도 데려가 주셔서 팔자에 없는 호사를 참 많이도 누렸다. 일본에 있었지만, 역설적으로 일본인 친구가 한 명도 없었던 내게, 준코 할머니는 일본인 친구, 엄마가 되어주셨고, 노인과 일본인에 대한 선입견을 시원하게 날려준 고마운 인물이시다. 가난한 학생이라 보답으로 드릴 게 마땅치 않았는데, 한국에서 사 온 제일 비싼 하회탈 기념품이 생각났다. 포장지를 열자마자 너무 무섭다고 얼굴을 찌푸리며 소리를 꺅 지르는 준코 할머니! (누가 일본인은 겉과 속이 다르다고 했는가!) 그 모습에 나는 까르르거리며 자지러졌다.

생각해보면 내가 당시 일본어를 못했던 건 신의 한 수였다. 일본어를 했다면 한국에서 할머니를 대하듯 준코 할머니에게도 깍듯하게 예를 갖춰 거리를 두었을 텐데. 노래방에서 어깨동무하며 함께 팝송을 부를 땐 친구가, 상다리가 부러지게 오코노미야키를 만들어 줄 때는 엄마가 되어주신 준코 할머니. 무섭지만 한편으론 너무 웃긴다며 벽에 걸어둔 제가 드린 하회탈 기념품 아직 잘 갖고 계시죠? 제 결혼식에 한복 입고 한국을 찾아 주신다고 하셨는데, 언제가 될지는 모르겠네요. 그때까지 건강하게 지금처럼 계셔주세요~!

외국인 홈스테이,
나도 할 수 있을까?

나도 외국인 홈스테이 도전?
호스트 적합 지수를 체크해보자

홈스테이 또는 하우스쉐어링을 시작했다가 본전도 못 찾고 스트레스 때문에 힘들어하는 호스트들을 주변에서 봐왔다. 육체적인 노력이나 들이는 시간 대비 꽤 쏠쏠한 수입을 얻을 수 있지만, 본인의 성격과 호스트 일이 맞지 않을 경우, 남는 건 상처뿐일 수 있다. 대개 게스트와 같이 지내지 않는 에어비앤비 호스트들도 청소 및 다양한 문제 때문에 골머리를 앓고 결국 에어비앤비를 처분하는 게 현실인데, 게스트와 함께 살아야 하는 홈스테이는 오죽

할까? 아래 호스트 적합 지수를 한 번 체크해보고 시작해도 늦지 않다.

1. 이런 분들께 추천합니다.

- 집에 빈방이 있다.

- 처음 보는 사람들과 이야기를 해도 불편하지 않다.

- 남을 잘 배려하는 성격이다.

- 나와 다른 사람(성격, 취향 등등)을 평소에 이해하고 존중한다.

- 남을 도와주는 게 그냥 즐겁다.

- 영어/일본어/중국어 등을 할 수 있고, 외국어 실력을 업그레이드하고 싶다.

- 일상에 새로운 변화가 필요하다.

2. 이런 분들께 추천하지 않습니다.

- 굉장히 깔끔하다. / 굉장히 지저분하다.

  (게스트가 방을 더럽게 쓰거나 호스트가 집을 지저분하게 쓰면 서로 힘들다.)

- 낯을 많이 가린다.

- 누가 도와달라고 하면 귀찮기만 하다.

- 나와 다른 사람을 보면 '저 사람 왜 저러지?'라는 생각이 들고 이해가 도통 안 된다.

- 다른 사람 눈치 보는 게 정말 싫다.

- 생활 패턴이 평범하지 않다.

- 가족들의 반대가 심하다.

은퇴하신 분들은 집에 빈방이 있다면 꼭 도전해 보라고 권하고 싶어요. 제가 영어를 아예 못하기 때문에 처음에는 극구 반대했지만, 지금은 홈스테이를 할 수 있게 도와준 딸에게 정말 감사하고 있어요. 요즘에 젊은 친구들은 다들 외국어를 잘하니까, 집에 아드님이나 따님에게 부탁해서 우리 집을 홍보하고 손님을 구하는 것까지만 도움을 요청해 보세요. 게스트가 체크인하면 그 이후로는 우리 딸이 신경 쓰지 않도록 저도 노력한답니다.

휴대폰에 '구글 번역기'나 '파파고' 애플리케이션을 다운로드하여 많이 쓰는 말은 영어를 숙지해서 외우고 있어요. 음성으로 발음을 바로 확인할 수 있어 도움이 많이 되는 유용한 애플리케이션입니다. 또 저는 게스트들이 밖에 있을 때는 '카카오톡'으로 얘기하는데 이때는 모두 한국어를 사용합니다. 이건 우리 집의 규칙이에요. 한국어를 못 쓰는 외국인 친구들도, 저와 카카오톡으로 이야기할 때는 한국어를 써야 합니다. 로마에 가면 로마법을! 한국에 왔으면 한국어를! 한국에 온 친구들은 한국어를 배우려고 온 친구들이기 때문에, 이 부분에서 불만을 가진 친구는 한 명도 없었습니다.

단점을 장점으로,
장점은 더 큰 장점으로 홍보하기

홈스테이를 위한 우리 집만의 강점과 타깃을 정했다면, 이제 홍보를 위해 구체적인 내용을 준비해야 한다. 앞에서 언급했듯이, 우리 집의 강점과 타깃을 다음과 같이 정하였다.

🏠 강점

- 엄마가 직접 만들어주는 한국식, 건강식 아침&저녁 식사

- 개인 화장실 딸린 넓은 방. 다른 곳 대비 매우 저렴한 가격

- 근처 대학교가 많음(연세대, 이화여대, 서강대, 홍대, 명지대)

🏠 타깃 고객

- 장기간(1~6개월) 머무는 유학생, 또는 여행객

이 강점과 타깃을 바탕으로 아래 세부 사항을 간략하지만, 임팩트 있게 적어서 예약 웹사이트에 업데이트해 놓는다.

🏠 지역소개

연세대, 이화여대, 서강대, 홍대, 명지대 등 공부를 목적으로 오는 외국인을 타깃으로 잡았기 때문에 집 주변에 대학교가 많다는 것을 강조했다. 버스로 모든 대학교에 30분 이내에 도착이 가능하며 서울 중심이지만 시끄러운 번화가가 아닌, 거주지역이라 매우 안전하다는 점도 장점이라고 써 놓았다.

🏠 집과 방 소개

방에는 게스트한테 필요한 최소한의 가구와 집기를 비치해야 한다. 큰 가구로 침대, 책상, 의자, 옷장은 필수이며, 추가로 전신 거울, 스탠드, 휴지통, 빨래통, 빨래 건조대를 준비해야 한다. 계절에 따라 여름에는 선풍기, 겨울에는 전기장판이나 온수 매트를 넣어주는 것도 좋다. 우리 집 게스트룸의 경우 화장실이 단독으로 있어서 이 점을 강조했다. 혼자 쓰기에 넓은 방과 통창으로 햇빛이 잘 들고, 필요하면 언제든지 부엌을 쓸 수 있다고 적었다. 방은 두 명이 쓰기에도 넉넉해서 커플이나 가족, 친구도 함께 투숙할 수 있는 점도 놓치지 않았다.

🏠 사진

방에 창문이 있다면 무조건 햇빛이 드는 낮에 사진 찍는 것을 추천한다. 어떤 조명이라도 자연광을 이길 수는 없다. 요즘은 휴대폰에도 광각카메라가 있으니, 여러 각도로 방 사진을 찍는다. 방 사진뿐만 아니라, 화장실, 거실, 부엌 등 게스트가 사용할 공용공간도 함께 찍어서 올려놓는다. 우리 집은 1999년에 지어진 오래된 다가구주택이고, 방도 아주 평범하기 때문에, 사진만 본다면 집이나 방으로 경쟁력을 갖추기 힘들다고 생각했다. 그래서 엄마가 만든 다양한 음식사진을 사전에 많이 찍어서 함께 올려놓았다. 외국인들이 밖에서는 접하기 힘든 엄마표 집밥이 우리 집만의 경쟁력이라고 생각했기 때문이다. 또한 엄마의 사진과 함께 위트 있는 설명도 추가했다.

'엄마가 영어를 못해서 한국어 공부에 많은 도움이 될 거예요!'

🏠 홈스테이 규칙

한 집에서 여러 명이 공동생활을 해서 규칙은 매우 중요하다. 집에서 지켜야 할 규칙을 사전에 상세하게 알려주면 게스트와 문제도 사전에 방지할 수 있고, 우리 가족과 맞는 게스트가 올 확률이 훨씬 높다. 우리 집에서 지낼 시 지켜야 할 주요 규칙은 다음과 같다.

- 술, 담배, 애완동물은 모두 금지 및 친구 초대 불가

- 세탁기는 일주일에 한 번 사용 가능

- 부엌 사용 시간(아침 8:00 ~ 저녁 8:00)

- 저녁 10시부터 아침 7시까지는 정숙

🏠 가격 책정

먼저 우리 집과 비슷한 위치에서 운영 중인 홈스테이를 검색해 보았다. 가격대가 꽤 다양했지만, 오픈 기념으로 최저가를 정해서 올렸다. (2015년 기

준) 1개월 기준 아침 식사 포함 45만 원, 아침, 저녁 식사 포함 50만 원. 빨리 첫 손님이 홈스테이를 경험해야 후기를 하나라도 받을 수 있기 때문에, 가격으로 승부를 보자는 마음으로 파격적으로 싸게 내놓았다. 예약이 어느 정도 차 있는 경우에는, 이보다 조금 더 높여서 가격을 바꿔주고, 예약이 잘 안될 때는 다른 곳보다 저렴하게 가격을 책정했다. 식사를 주는 곳임에도 가격이 적당하기 때문에, 이 부분에서 게스트들의 만족도가 매우 높았다. 현재는 아침 식사 포함 70~80만 원을 받고 있으며, 저녁 식사는 한 끼당 7,000원을 따로 받고 있다. 이 금액은 공과금, 청소료가 모두 포함된 금액이다.

타깃 고객에 맞춰 셀링포인트를 찾아라!

홈스테이 홍보를 시작하기에 앞서 우리 집의 셀링포인트[14]를 잘 찾아야 한다. 우리 집 홈스테이로 광고를 만든다고 생각해보자. 내가 생각할 때 홈스테이 사업에서 가장 중요한 점은 '위치'다. 외국인 관광객이 많은 명동, 홍대에 위치하거나 외국인 학생이 많은 대학교 주변에 위치한다면, 고객 입장

---

14) 사용 편의나 만족감 등 소비자의 구매 욕구를 일으키는 제품이나 서비스의 특징(네이버 어학사전)

에서 가장 큰 장점일 수 있다. 우리 집의 경우 주변에 대학교가 많아 위치가 장점이긴 하지만, 도보로 갈 수 있는 거리는 아니기 때문에 우리 집만 줄 수 있는 특별한 혜택이 더 필요했다. 추가 셀링포인트는 바로 한국식 집밥! 아침에 빵, 잼만 주는 게 아닌 엄마가 정성 들여 만든 조식과 밖에서는 먹기 힘든 집밥을 저녁으로도 먹을 수 있다는 걸 강조했다. 고객이 홈스테이 검색 시 헤드라인과 가격을 가장 먼저 보기 때문에 글자 수 제한이 있는 헤드라인에도 이 셀링포인트를 잘 살려 적으면 좋다. 아래 예시 1, 2, 3은 모두 우리 집에 해당되는 카피지만, 내가 잡은 타깃 고객(유학생, 교환학생)에 맞는 카피는 예시 3이 가장 적합하다.

예시 1: 햇빛이 비치는 넓은 방과 단독 화장실
예시 2: 홍대, 신촌 근처에 위치!
예시 3: 연세대, 서강대 근처 위치! 한국 가정식 제공

우리 집은 빈방이 있지만, 서울도 아니고, 관광지도 아니고, 주변에 대학교가 없다. 그렇다면 홈스테이를 하기 어려울까? 물론 다른 위치에 비해 어려울 수 있다. 하지만 요즘 젊은 사람들은 특색 있는 음식점이나, 멋진 카페 하나만을 방문하기 위해서라도 움직이는 세대이다. 가령, 숲속에 있는 호텔보다 멋진 집이거나, 내가 개발한 관광투어가 있다면 한 번 해볼 만하지 않

을까? 외국인 관광객이나 학생, 또는 본인이 정한 타깃 고객 입장에서 생각해보고 그들에 맞춰 홍보한다면, 분명 승산이 있을 것이다.

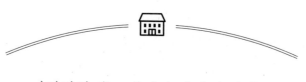

파란만장 홈스테이의 장단점 대해부

본업이 있어도 부수입을 얻을 수 있는 것이 홈스테이의 매력이다. 하지만 외국인과 함께 사는 홈스테이는 그렇게 간단하지 않다. 세상에 공짜는 없는 법. 6년 동안 파란만장한 홈스테이를 운영하며 겪은 장단점을 해부해본다.

🏠 모두에게 추천하고 싶은 홈스테이 장점

1. 외국어를 계속 쓸 수 있다.

대학생 때 교환학생을 경험한 이후 학원을 가지 않는 이상 영어를 직접적으로 쓸 일이 많이 없었다. 영어 실력을 유지하기 위해서 계속 공부를 했지만, 쌍방향 소통이 아니라 재미가 없었다. 홈스테이를 운영하면 우리 집을 홍보해야 하고, 잠재고객들과 계속 이야기해야 한다. 영어를 쓰고 추가로 본인이 할 줄 아는 제2외국어가 있다면, 그 언어를 통해 더 많은 외국인을 응대하기가 훨씬 쉽다. 영어를 계속 쓰고 싶다면 피할 수 없는 상황을 만들어 보자.

2. 부수적인 수입을 얻을 수 있다.

부연설명이 필요할까? 회사에 다니면서, 자기 일을 하면서도 할 수 있다. 방이 많다면 다른 일을 하지 않아도 될 만큼의 생활비를 벌 수 있고, 다른 사업에 비해 운영비용이 적게 들어 영업이익이 크다.

3. 전 세계에서 온 친구들을 사귈 수 있다.

회사생활 이후 애로사항 중 하나가 여행을 자주 갈 수 없는 것이었다. 내가 당시 하는 일이 연차나 휴가를 쓰기 쉽지 않았다. 홈스테이를 시작하기 전, 나는 왜 여행을 좋아하는가에 대한 생각을 곰곰이 해봤고, 그 이유 중 하나는 외국인과 다양한 주제로 이야기하는 걸 좋아한다는 것이었다. 그 나라에 가서 새로운 환경에서 이방인이 되는 것 또한 즐거운 일이지만, 지금 당장 할 수 없으니 내가 할 수 있는 것을 하자라고 생각했다.

'외국인을 우리 집으로 불러들이자! 그러면 그 사람의 눈으로 그 나라를 여행할 수 있을 거야!'

🏠 당장이라도 그만두고 싶게 하는 홈스테이 단점

1. 퇴근 후 여긴 어디? 우리 집이 사라졌다.

초반에 홈스테이를 운영하면서 가장 불편했던 점이 바로 이것이었다. 퇴근 후 몸이 녹초가 되어 쉬고 싶은데, 집에 머무는 손님이 자꾸 나에게 질문 공세를 펼쳤다. 게스트에 따라 다르지만, 어떤 게스트는 내가 퇴근하기만을 기다렸다가 질문 보따리를 늘어놓았다. 특히 한국어를 아예 못하는 게스트라면 그들이 의지할 곳은 호스트밖에 없고, 또 그러한 기대로 홈스테이를 선택하기도 한다. 집주인이 한국인이기 때문에 인터넷을 검색하기보다 호스트에게 직접 물어보는 경우가 많다. 또한 여행객이라고 해서 집에 있기보다 밖에 많이 나갈 거라고 생각하면 오산이다. 게스트에 따라 한국에 왜 왔을까 싶을 정도로 집에만 머무는 게스트도 더러 있었다. 가족끼리 다투거나 우리만 점심을 먹을 때 등 불가피하게 게스트와 어색해지는 상황이 연출되기도 한다. 홈스테이 운영을 통해 게스트와 적당한 거리를 유지하는 본인만의 노하우를 터득해야 한다.

2. 복불복 게스트, 어떤 게스트가 올지 예측할 수 없다.

홈스테이도 사업과 다르지 않다. 내가 식당을 한다면 받고 싶은 손님만 받을 수 있을까? 정말 고마운 손님부터 진상 손님까지 가지각색이다. 그나마 다른 사업과는 달리 홈스테이는 호스트가 사전에 여러 과정을 거쳐 손님을 받을 수 있다는 게 장점이다. 예를 들어서 나와 엄마는 술과 담배를 전혀 하지 않고 애완동물을 키우지 않기 때문에, 위 세 가지 모두 우리 집에서 금지사항이다. 이런 사전 의사소통 없이 음주, 흡연을 사랑하고 동물을 키우는 사람을 게스트로 두면 호스트에게 하루하루가 고문이 아닐 수 없다. 다양한 사전 검증 과정(?)을 거쳐 게스트를 받는다고 해도 가족이 아니기 때문에 신경이 쓰이는 것은 당연하다. 홈스테이 시작 전 가족과 충분히 상의 후 홈스테이 이용규칙을 만들어야 한다. 그리고 운영하면서 규칙을 수정해 나가면된다. 이러한 과정을 거치다 보면 우리 가족과 너무 궁합이 맞지 않은 게스트가 올 확률은 점점 낮아진다.

3. Worldwide 진상 게스트

아무리 규칙을 정하고 게스트와 충분히 사전 의사소통을 해도 늘 그렇듯 내가 생각한 대로 일이 풀리지 않는다. 엄마가 해주는 아침 식사와 저녁을 먹는 게스트 A가 있었다. A는 점심까지 삼시 세끼를 잘 챙겨 먹었다. 점심은 집에서 본인이 음식을 해 먹는 경우가 많았는데, 엄마에게 사전동의를 구하지 않고 냉장고를 열어 우리 집 밑반찬 등을 마음대로 꺼내먹었다. 엄마는 그러다 말겠지 하며 지켜봤는데, A는 투숙 기간 3개월 내내 우리 집 반찬을 말도 없이 먹었다. 또한, 자신의 휴대폰이 전화가 안 된다는 이유로 엄마의 휴대폰을 빌려 전화를 했다. 하루는 엄마의 휴대폰을 들고 자기 방으로 들어가더니 20분이 지나도 나오지 않았다. 이때 마침 미국에서 잠깐 한국에 온 동생이 이 광경을 보고 게스트에게 한마디 했고 싸움으로 번졌다.

상식이 통하지 않는 게스트도 더러 있었다. 게스트 B는 체크인 후 일주일 동안 매일 거의 5시간씩 가족과 통화했는데, 그 모습을 본 엄마는 "와, 가족끼리 사랑이 넘치네."라며 부러워했다. 하지만 그의 통화 패턴은 한 달, 두 달이 지나도 같았고, 점점 목소리가 커지더니, 모두가 잠든 시간인 새벽에도 멈출 줄 몰라 가족은 물론 이웃 주민들에게까지 피해를 주었다.

성인이 되어서도 엄격한 아버지가 정한 통금시간 안에 꼭 들어와야만 하는 세계에 살았던 엄마는 내가 대학생 때 가끔 친구들과 놀며 밤을 새우거나 새벽에 들어오는 걸 극도로 싫어했는데, 게스트의 경우 자주 있는 일이 아니었기 때문에, 사전에 이야기하면 문제가 없었다. 그런데 복병이 나타났다. 게스트 C는 한국에 와서 클럽이라는 신세계에 눈을 떠버려 평균 주 4~5회 새벽에 귀가했다. 잠귀가 아주 밝은 엄마는 C 때문에 매일 밤잠을 설쳤고, 결국 예약 잔여기간 모든 금액을 환불해주고 강제로 체크아웃을 시켰다. 그 이후 파리피플(party people)은 영원히 서울홈스테이에 발을 들여놓을 수 없게 되었다.

그 이후 엄마와 나는 무례한 행동을 하는 게스트에게 명확하게 우리 생각을 전달했고, 그런 단호함이 때로는 문제를 키우지 않는 데 도움이 됐다. 위에서도 언급했지만, 홈스테이를 하면서 어떤 게스트가 올지 모른다. 하지만 미리 겁먹지 말자. 비 온 뒤 땅이 굳듯, 진상 게스트를 만나면서 더 많은 홈스테이 운영 노하우를 터득할 수 있다. 외국인이라고 해서 항상 예의 바르고 깔끔하며 지킬 건 지키는 사람만 있는 건 아니다. 세상은 넓고, 진상 게스트는 많다.

홈스테이를 하면서 가장 불편할 때는 점심 먹을 때입니다. 보통 게스트들은 아침과 저녁을 우리 집에서 먹는데, 저는 아침, 점심, 저녁 세 끼를 챙겨 먹습니다. 점심 먹을 때 게스트가 있으면 혼자 먹기 미안해서 꼭 식사를 방으로 가지고 들어와서 먹습니다. 딸은 괜찮다고 하는데, 저는 게스트가 있는데 혼자 밥을 먹기가 미안하기도 하고, 눈치가 보여서 따로 먹고 있습니다. 이제는 적응이 돼서 그렇게 불편하지는 않아요. 다른 어떤 일보다 적은 노동으로 즐겁게 용돈을 벌 수 있기 때문에 홈스테이 운영을 강력추천합니다.

매번 바뀌는 게스트와 지내는 것도 하나의 즐거움입니다. 사이가 안 좋았던 게스트도 있었지만, 대개 우리 가족과 아주 잘 지냅니다. 어떤 남자 게스트는 홈스테이로 있는 일주일 동안 한마디도 하지 않아서 딸과 의아해하며 웃었던 기억이 있어요. 아주 많이 쑥스러워하는 친구였는데 '예스' '노우' 이 두 단어 말고는 다른 말을 전혀 하지 않았습니다. '이런 사람도 홈스테이를 하는구나. 신기하다.' 생각했습니다. 혹시라도 우리 가족과 맞지 않는 게스트가 들어왔는데 오래 같이 살아야 한다면, 그것 또한 고통스럽겠죠. 그래서 우리는 게스트 한 명당 최대 투숙 기간을 6개월로 정해놓고 있습니다.

방구석에서 세계여행할 준비 되셨나요?

게스트와 썸타기, '내꺼인 듯 내꺼 아닌 내꺼 같은 너'15)

홈스테이 운영 초반엔 외국인한테 홈스테이 관련 문의만 받아도 바로 예약 확정으로 이어질 거라는 착각의 늪에 빠졌었다. 아주 공손하게, '너의 집

---

15) 정기고&소유의 '썸'이라는 노래 가사 일부

에서 정말 정말 머물고 싶은데, 이 기간에 가능할까?'라고 메시지를 받으면 꼭 내가 갑이 된 것 같은 우쭐한 기분마저 들었다. 하지만 달콤한 상상도 아주 잠시, 열심히 한 자 한 자 정성껏 답을 해도 고객으로부터 답장이 오지 않는 경우는 부지기수. 잠재고객과 나 사이 수많은 질문과 답변이 오가고, 꼭 우리 집에서 함께 살고 싶다며 당장 예약할 것처럼 굴다가도 내가 모르는 그들만의 탐색전을 모두 마친 뒤, 예약 불발로 이어지면 그렇게 기운이 빠질 수가 없다. '미안해요. 다른 곳으로 예약하기로 했어요.'라고 의사표시라도 해주면 땡큐 베리 감사다. A라는 사람이 예약하리라 굳게 믿고 뒤늦게 연락해 온 B에게 거절 의사를 보이면, 서로 좋아는 했으나 그놈의 타이밍이 문제였던 옛 연인처럼 그렇게 아쉬울 수가 없다. (이미 예상했겠지만, 철석같이 믿었던 A마저 잠적하고 사라진 지 오래다.)

연애도 하면 할수록 늘듯이, 홈스테이 사전 고객 응대도 하면 할수록 스킬이 늘고 노하우가 쌓인다. 달콤쌉싸름한 썸을 끝내고 연애가 시작되듯, 홈스테이도 마찬가지이다. 게스트가 체크인하면 지지고 볶고 부대끼는 진짜 가족이 될 테니 벌써 지칠 필요 없다.

78억 명의 지구인, 78억 가지 유형의 게스트

6년 동안 에어비앤비, 홈스테이 예약사이트를 통해 남극을 제외한 6대륙 37개국 150명의 사람으로부터 예약 문의를 받았다. 그중 최종적으로 14개국 30명의 게스트가 우리 집을 거쳐 갔으니 문의 대비 예약률은 20%인 셈이다. (10명이 찔러보고 2명은 결국 산다고 가정하면 내 영업력은 꽤 괜찮다고 생각한다.) 국가로 보자면, 35명의 미국인이 압도적으로 1위, 독일인은 20명으로 2위, 프랑스인은 19명으로 아쉽게 3위를 차지했다. 트리니다드 토바고에 대해 들어본 적이 있는가? 나는 홈스테이를 통해 이러한 나라가 있다는 사실도 처음 알았다.

MBTI를 물어보고 대략 사람의 성격을 가늠해볼 수 있듯이, 게스트에도 비슷한 패턴의 유형이 있다. '해당 날짜에 숙박 가능한가요?'라고 묻고 바로 예약 확정 버튼을 누르는 #초스피드형. 예약하기까지 1년이라는 시간이 걸린 #신중형. 우리 집에서 버스정류장까지의 거리와 시간을 아주 세밀하게 미터, 분 단위로 알려달라는 #진짜정말많이아주꼼꼼형, 한 달 동안 퍼붓는 질문에 성실히 답해주고 이제 예약 확정 버튼만 누르면 되는데 소리소문없이 사라지는 #애만태우는형. 모든 면에서 우리와 잘 맞을 것 같은데 다니는 학교나 학원이 강남이라 '그러면 너무 멀어서 힘들 것 같은데 괜찮나요?'라고 말해 어쩔 수 없이 다른 곳을 예약한 #다음생에만나요형. 가장 임팩트가 컸던 사람은 대뜸 자기 사진을 보내 불행한 자기 삶에서 날 좀 구해주고 입양을 해줄 수 없겠냐며 호소하는 #서프라이즈형까지. 가족이 되어 함께 살기라는 진짜 고난도 문제는 아직 시작도 하지 않았으니, 손님을 받기 전부터 낙담하지 말고 가족 구성원으로서 이 사람이 적합한지 여행하는 마음으로 성급하지 않게, 탐험하고 탐색하라고 권하고 싶다.

아는 것이 힘! 서울이 도와주고 있어요

🏠 서울 스테이

이제 막 홈스테이를 시작하려는 호스트는 대체 무엇부터 시작해야 할지 모르는 경우가 많다. 이 경우 서울 스테이 웹사이트에 접속해서 하나씩 차근차근 배우면 된다. 나 역시 홈스테이를 시작하기에 앞서 합법적으로 운영할 수 있는 방법을 찾아보았고, 서울 스테이를 통해 많은 도움을 받았다. 외국인관광 도시민박업[16] 등록부터 외국인 호스팅, 관광산업 관련 다양한

정보가 많다.

외국인관광 도시민박업 등록을 하면 외국인 게스트들에게 좀 더 신뢰를 줄 수 있고, 여러 물품도 지원받을 수 있다. 우리 집의 경우 외국인 게스트를 위한 짱짱한 수건과 콘센트 변환기 등을 지원받았다. 또한 지속적으로 외국인 호스팅 관련 교육을 무상으로 지원하고 있어서, 초보 호스트들에게 매우 유용하다.

– 서울 스테이: https://stay.visitseoul.net

---

16) 도시지역의 주민이 거주하고 있는 주택을 이용하여 외국인 관광객에게 한국의 가정문화를 체험할 수 있도록 숙식 등을 제공하는 업으로 2011년 12월 30일부터 시행되었다.

🏠 관광가이드북

　한국, 서울 무료 관광가이드북을 검색하면 많은 정보가 나온다. 이뿐만 아니라 템플스테이나 다른 곳에 여행을 가면 항상 가이드북이나 팸플릿을 챙긴다. 외국인 관광객 역시 가이드북이 아닌 현지인이 추천하는 곳을 흥미로워한다. 그럴 때 관련 가이드북을 함께 제공하면 게스트에게 훨씬 유용하다.

– 서울특별시　무료　가이드북&지도: https://korean.visitseoul.net/map-guide-book('서울 스테이'에서도 홍보물을 무료로 지원한다.)

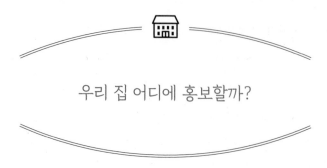

우리 집 어디에 홍보할까?

🏠 손품 팔기, 온라인 부동산 활용하기

전 세계적으로 유명한 공유플랫폼 에어비앤비. 하지만 에어비앤비 말고도 비슷한 플랫폼이 많다. 가능한 한 많은 곳에, 홍보는 많이 하면 할수록 좋다. 단, 이러한 플랫폼은 중간 수수료를 내야 한다. 아래와 같은 웹사이트에 우리 집을 홍보할 때는 다른 곳과 견주어 우리 집만의 경쟁력을 2~3가지

정도를 추려 읽기 쉽게 강조해야 한다. 우리 집의 경우, 다른 곳에서는 경험할 수 없는 엄마표 한국 가정식과 조용하고 안전한 동네임을 강조했다.

– 에어비앤비: https://www.airbnb.co.kr

– 홈스테이: https://www.homestay.com

– 홈스테이인: http://www.homestayin.com

– 홈스테이맥스: http://www.homestaymax.com

🏠 인스타그램 홍보 페이지 만들기

'서울홈스테이' 역시 브랜드라는 생각을 하며 시작했다. 외국인들이 많이 사용하는 SNS를 충분히 활용하여 위의 플랫폼을 이용하지 않고 홍보할 수 있다. 지속적으로 업로드를 해야 하지만, 중간 수수료가 없어 예약 완료 시 호스트와 게스트 모두에게 좋은 방법이다.

– 서울홈스테이 인스타그램: https://www.instagram.com/seoulhomestay

🏠 발품 팔기, 대학교에 문 두드리기

우리 집은 타깃 고객을 우리나라 대학에 오는 유학생으로 잡았기 때문에,

게스트 예약이 뜸할 때는 엄마가 직접 근처 대학교로 찾아가서 홍보물을 붙였다. 대학 내 외국인 유학생을 위한 사무실로 찾아가서 홍보 방법을 묻는 것도 하나의 방법이다. 간혹 기숙사를 구하지 못한 학생들이 홈스테이를 찾기 때문이다. 영업은 하는 만큼 결과가 돌아온다. 노력은 배신하지 않는다.

예약 완료 후 입금 안내 메일 보내기

홈스테이 예약사이트 또는 직거래를 통해 예약이 완료되면, 이후 게스트 이메일을 확인한 후 추가 정보를 상세하게 보내준다. 게스트가 예약을 하면 호스트에게 바로 금액을 입금해주는 에어비앤비와는 달리 내가 주로 이용하는 Homestay.com의 경우 이런 시스템이 없다. 따라서 호스트가 직접 예약금 입금을 안내해줘야 한다. 체크인한 후 현금으로 받는 방법과 체크인 전 통장으로 입금받는 두 가지 방법이 있는데, 예약 확정을 위해 나는 주로 체크인 전 통장으로 입금을 받는다. (6년 동안 홈스테이를 운영하면서 운 좋게도 입금 후 예약을 취소한 게스트는 한 명도 없었다.) 게스트에게 보내는 샘플 메일은 아래와 같다.

To. OO 게스트

안녕하세요. 서울홈스테이를 예약해주셔서 대단히 감사드립니다. Homestay.com 웹사이트에 자세한 홈스테이 규칙을 올려놓았지만, 한 번 더 안내를 드립니다. 또한 아래에 게스트께서 직접 작성 후 저에게 회신해 주셔야 하는 내용이 있으니 확인 후 꼭 회신해 주세요. 예약금 송금 방법도 기재해놓았으니, 기한 내에 송금해주시기 바랍니다.

1. 홈스테이 주요 규칙

술, 담배, 애완동물은 모두 금지 및 친구 초대 불가

세탁기는 일주일에 한 번 사용 가능

부엌 사용 시간(아침 8:00~저녁 8:00)

밤 10시부터 아침 7시까지는 정숙

2. 게스트 작성 정보(작성해서 꼭 회신해 주세요.)

① 이름	
② 국적	
③ 투숙 기간	
④ 위급 시 연락처	※ 한국에서 위급상황이 발생할 수 있어 게스트 가족 연락처를 꼭 확인한다.
⑤ 못 먹거나 안 먹는 음식	※ 외국인은 특정 음식 알레르기가 있거나 채식주의자도 많기 때문에 꼭 확인한다.
⑥ SNS에 사진 올리는 것을 동의하시나요?	**동의 / 비동의** ※ 사전동의 없이 외국인의 사진을 인터넷에 올릴 경우 문제가 될 수 있어 꼭 확인한다.
⑦ 카카오톡 ID	

3. 아래 은행 정보를 확인 후 입금 기한 XX까지 예약금을 보내주시기 바랍니다.

① 은행 이름	WOORI BANK
② 은행 주소	1585, Sangam-dong, mapo-gu, Seoul, Korea

③ 은행 SWIFT CODE	HVBKKRSEXXX
④ 은행 계좌	123456789
⑤ 예금주	HONG KIL DONG
⑥ 연락처 및 주소	010-1234-5678
⑦ 금액	700,000(KRW)

4. 서울홈스테이 오시는 길

인천공항에서 홍대입구 방향 AREX를 타고 오신 후 XX출구로 나오시면 됩니다.

5. 환불 규정

30일 전 취소 시 100% 환불, 21일 전 취소 시 80% 환불, 14일 전 취소 시 60% 환불, 7일 전 취소 시 40% 환불

감사합니다. 기타 문의 사항이 있으시면 언제든지 연락해 주세요.

게스트 맞이 준비하기 팁

1. 게스트 체크인 전 사전준비 체크리스트

- 게스트 방, 공용공간 청소

- 게스트 공간 마련(냉장고, 신발장)

- 게스트용 비품 확인(휴지, 수건, 샴푸, 린스 등)

- 옷장, 책장, 휴지통 비우기

- 게스트 정보 숙지하기

(투숙 기간, 식사 제공 여부, 못 먹는 음식 등)

(게스트가 채식주의자이거나 못 먹는 음식이 있는지 사전에 꼭 파악해야 한다. 내 경

험상 게스트 중 채식주의자는 물론 특정 음식을 못 먹는 경우도 많았다.)

- 관광가이드북 비치(예: 서울, 서대문구 관광가이드북, 템플스테이 가이드북 등)

2. 게스트 체크인 후 체크리스트

:: 하우스 투어

- 집 / wifi 비밀번호

- 게스트용 공간(냉장고, 신발장 사용 등) 안내

- 홈스테이 투숙 시 주의사항 안내 (주의사항을 한 번에 정리해서 사전에 공유

  하고 체크인 후 한 번 더 이야기하는 게 좋다.)

- 분리수거 하는 방법

- 엄마와의 소통 방법 공유(카카오톡, 라인, 번역기 등)

:: 동네 투어

게스트에게 필요한 집 주변 필수 정보를 동네를 돌아다니면서 하나씩 알

려주는 투어

- 버스정류장, 지하철역

- 슈퍼마켓, 편의점

- 생활용품점

- 기타 편의시설(예: 은행, 자전거 무료 대여점, 헬스장 등)

- 공원

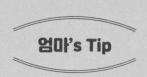

빨래를 제외하고 청소, 설거지 등은 모두 제가 합니다. 처음에는 게스트한테 맡겼으나, 제가 하는 게 마음이 편하고 더 집을 깨끗이 관리할 수 있기 때문입니다. 화장실은 지저분해지기 쉬운 장소이기 때문에 더 신경 씁니다. 샤워 후 게스트가 청소하고 나오지만, 그래도 매일 점검합니다. 게스트가 집에 없을 때 게스트 방에 들어가 청소기를 돌리고, 쓰레기통을 비웁니다. 사전에 동의하지 않은 게스트는 게스트에게 청소를 맡기지만, 여태까지 그런 게스트는 없었습니다.

장기간 머무는 게스트의 경우, 매트리스 커버와 이불은 정기적으로 갈아줘야 하니 여분으로 사두는 게 좋습니다. 샴푸, 린스 등 화장실 비품도 다 구비해두지만, 대개는 게스트가 본인 취향에 맞는 것으로 사서 씁니다. 딸은 집에 바퀴벌레나 벌레가 나오면 이미지가 좋지 않고 청결에 문제가 있다고 생각할 수 있으니, 이 부분을 꼭 신경 써달라고 신신당부합니다. 그래서 벌레가 나오지 않도록 약을 발라 놓습니다.

진정한 탐험은 새로운 풍경이
펼쳐진 곳을 찾는 것이 아니라
새로운 눈으로 여행하는 것이다[17]

여행이라면 게스트하우스에서 지내도 좋고, 비싼 호텔투숙도 좋다. 여행이라면 혼자여도 좋고, 사랑하는 사람과 함께라면 더 좋다. 여행이라면 관광가이드북에 나오는 남들이 다 가는 관광지도 좋고, 동네 주민만 아는 곳을 거니는 것도 좋다. 홈스테이의 매력은 바로 이 부분에서 빛을 발한다. 우

---

17) 프랑스 작가 마르셀 프루스트 명언 인용.

리 동네를 외국인 게스트에게 새롭고 비밀스러운 여행지로 소개한다. 서대
문구에서만 25년, 같은 집에서 살아온 나는 서대문구를 너무나 사랑하는 구
민이다. 한국 음식을 나보다 잘 먹는 게스트에게는 가이드북에 없는 우리 동
네 진짜 맛집을 안내하고, 자연을 좋아하는 외국인에겐 전국에서 벚꽃이 가

장 아름다울 것 같은 안산 자락길을 소개한다. 역사를 좋아하는 친구에겐 서대문 형무소를 추천하고, 추운 겨울 필수코스로는 우리 동네 찜질방을 함께 다녀온다.

국적, 성별, 취향을 불문하고 내 시간만 허락한다면, 우리 집 게스트와 꼭 함께 하는 게 있다. 이름하여 '서울홈스테이 자전거 투어'다. 아침 출근길 따릉이(서울시 공유 자전거)로 연간 1,000km를 달리는 나는 자전거 애호가이다. 홍제천을 따라 중간에 빠져 경의선 숲길을 안내하거나, 한강까지 쭉 달려 성산대교부터 체력이 가능하다면 여의도까지 탐험하고 돌아오는 코스다. 외국인 게스트와 함께 자전거를 타면서 서울을 감상하는 그 시간만큼은 나에

게도 서울이 이국적이고 매력적으로 다가온다. 서울에 여행 오는 게스트를 통해 서울을 여행하는 것도 좋아한다. 게스트들의 요청으로, 혹은 자발적으로 그들과 함께하는 서울 여행은 외국인의 눈과 입이 더해져 어느새 서울이 이렇게나 재밌고 매력 있는 곳이구나를 새삼 일깨워준다.

좋은 후기 하나, 열 홍보 안 부럽다

게스트가 체크아웃했다고 안심할 수 없다. 치약 하나를 사도 꼼꼼히 후기를 읽듯이, 집주인과 함께 살아야 하는 홈스테이를 위해 잠재고객들은 열심히 우리 집에 대한 다른 사람들의 후기를 확인한다. 후기가 주는 신뢰는 곧바로 예약완료로 연결되기 때문에, 하나의 후기가 지닌 가치는 매우 크다. 에어비앤비와 같은 플랫폼을 통해 예약한 경우 체크아웃 전 게스트에게 꼭 리뷰를 요청하자. 좋은 추억이 있는 외국인이라면, 후기를 나쁘게 쓸 일이

Thank you for letting me stay at your wonderful home for 3 months. During my 3 months here, I have made so many memories, and experienced many new things.
The home-cooked food was always delicious, even if my stomach was too small for the portion sizes.

I am sorry that my Korean skill is not great, but being here has helped me learn many words and phrases.

I have loved every second of my time in Korea, and I feel deeply pained that I have to leave. I have made many friends, and many of them I believe will be lifelong friendships. The food in Korea is delicious and I would recommend anyone who visits to try.

화밥, 곱창, 염통, 설렁탕, 깔치탕, 젤리, 스파게티, 순대국

There are probably more, but I cannot think of them right now.

Once again, thank you for having me.
I will be back.

- 댄

P.S. 떠나고 싶지않아요 ㅠㅠ

Miguel (민혁)
United States
Age 25 - 34

MAY 2022 ♥♥♥♥♥

Ajumma is very kind and energetic and truly treated me like family. Not only is her cooking delicious, Ajumma is extremely helpful for practising Korean and learning about Korean culture. Every time I saw her, she was always full of energy and enthusiasm to do the best for her guests. I had plenty of privacy but also felt welcome to join her in her daily life activities. She regularly taught me new words and actually always tested me afterwards. Since she cooks very delicious versions of all the typical Korean dishes, I was able to learn a lot of dishes that I now see in restaurants. She showed me around the neighbourhood, including the local stream, several markets, grocery stores, restaurants, a sauna/jimjilbang, and pretty much anything that I asked about. We even went on a bike ride together to the Han River. With Ajumma, the limit to how much you can learn/experience will be up to you, but the possibilities are endless. I hope to see her again!

Laura
Hungary
Age 18 - 24

SEPTEMBER 2019 ♥♥♥♥♥

I really loved staying with Summer and her mother. The place was really clean. The food Shinyoung's mum cooked was amazing and I already miss it. Shinyoung and her mother were really welcoming and helped with everything. Shinyoung showed me the area on the first day and we even went out for a bikeride to Han river which was really fun. I recommend this place to anyone who wants to come to Seoul.

Victoria
Spain
Age 55 - 64

AUGUST 2019 ♥♥♥♥♥

I am very pleased with this family, they are very kind and welcoming. They will help you with anything. The house is so cozy and clean, you'll feel like home. I truly recommend to come with this family as it has been an amazing experience.

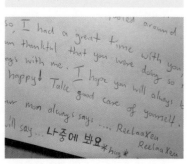

없다. (경험상 외국인들은 한국인보다 후기에 굉장히 후하다.)

플랫폼이 아닌 게스트와 직접거래로 예약을 성사시킨 경우, 아날로그 방식을 활용하자. 일명 방명록이라고 하면 이해하기 쉽다. 게스트용 방명록으로 쓸 노트를 준비해 거기에 차곡차곡 후기를 받은 뒤 SNS에 올리면 누구나 볼 수 있다. 인터넷으로 확인하는 후기보다 이런 아날로그식 후기는 생동감이 넘치고, 그림이나 형식이 자유로워 게스트들이 좋아한다.

예전 1개월 투숙했던 게스트 중 유튜버가 있었다. 미국에서 온 어린 소녀였는데, 전 세계적으로 구독자 수가 꽤 있는 한국 관련 콘텐츠를 만드는 유튜버였다. 우리 집 홈스테이가 나쁘지 않았는지 홍보를 해도 되는지 물어봤고, 엄마는 흔쾌히 승낙했다. 그 친구가 올려준 영상에는 우리 집과 게스트를 위한 공간 소개가 꼼꼼히 들어가 있었다. 그 영상을 본 다른 외국인들이 우리 집을 예약하는 선순환으로 이어졌다. 진심으로 열심히 호스팅한 결과, 돈 한 푼 들이지 않고 홍보를 할 수 있었다. 이렇듯 게스트들이 만족하면 자연스레 홍보로 이어진다. 그것이 바로 어메이징 후기 효과다!

서울홈스테이의 미래

"북한에서 왔나요? 남한에서 왔나요?"

약 15년 전, 내가 핀란드에 교환학생으로 있을 당시, 실제로 외국인에게 받았던 질문이다. 처음엔 농담으로 건넨 말인 줄 알았지만, 계속되는 진지한 질문에 금세 상황 파악을 했다. 종종 친했던 외국 친구들에게 내가 제일 좋아하는 김밥을 만들어주었다. 김밥을 '스시'라고 하는 친구들에게 꿀밤을 때리며 "김밥! 김밥!"이라고 바쁘게 정정해줘야 했다. 즐겨보는 한국

웹툰을 보고 있으면 내 옆으로 와 "나도 망가(일본어로 만화) 너무 좋아!"라며 또 내 심기를 건드렸다. 다 같이 힘내 보자고 나도 모르게 "파이팅!"을 외치면 왜 나랑 싸우고 싶냐며 놀라던 친구들에게 한국인이 쓰는 파이팅의 뜻을 알려주곤 했다.

2021년 한 기사를 읽으며 부단히도 한국과 한국어를 알리려 노력했던 나의 지난날이 사뭇 떠올랐다.

'daebak' 등 26개 한국어, 올해 옥스퍼드 사전 등재… 45년 치보다 많아[18]

세계적으로 권위 있는 옥스퍼드 영어사전(이하 OED)에 한국에서 유래한 영어 표제어 26개가 새롭게 등재되었다는 기쁜 소식의 기사였다. 지난날 정정하고 알려줘야 했던 kimbap(김밥), manhwa(만화), fighting(파이팅)은 물론 내가 진짜 자주 쓰는 daebak(대박), 게스트에게 나를 이렇게 불러 달라 요청하는 unnie(언니), noona(누나), 엄마가 죽고 못 사는 trot(트로트)까지! 책이나 문헌, 인터넷상에서 실제 지속해서 사용되었는가가 최우선 기준이라고 하니 세계 속 한국과 한국 문화의 위상이 이렇게 높아졌음을 알 수 있었고, 많은 사람이 한국어를 많이 쓰고 있다니 진심으로 기뻤다.

---

18) 출처: https://www.donga.com/news/Culture/article/all/20211014/109696697/1

"다른 나라 사람이 자기 문화를 좋아해 주면 행복한데, 한국인은 유독 심하다고 생각해요. (중략) 한국을 꼭 누군가 인정해주지 않아도 긴 역사, 좋은 문화, 언어가 있으니까 스스로 자부심을 가져도 되지 않을까요? 누가 인정해줘야 대단하다는 것을 좀 버려도 되지 않을까요."

「라디오스타」에 출연한 콩고 왕자 조나단의 말에 전적으로 동의하는 바라 '두유 노 강남스타일?' 같은 질문은 하지 않는다. 하지만 「오징어 게임」, 「기생충」, BTS의 선전을 보면서 어깨가 올라가는 건 어쩔 수 없다. 이제 시작일 거다. 한국인이라 뿌리를 좋아하는 건 당연하지만, 그럼에도 불구하고 나는 한국이 좋다. 한국 문화와 한국 음악을 사랑하고, 한식 없이는 살 수 없다. 그래서 서울홈스테이를 운영하는 게 뿌듯할 때가 많다.

한국인과 서울홈스테이 운영자로서 그리는 미래가 있다. 세계의 더 많은 사람이 한국 음식, 한국 영화, 한국 드라마, 한국어, K-Pop에 열광하고 한국에 더 많은 외국인이 들어올 것이다. 세상 아무도 대한민국 아줌마를 이길 수 없다는 게스트들의 농담처럼 '아줌마', 도로테가 제일 좋아하는 '멸치볶음', 매티가 사랑하는 '런닝맨'도 곧 OED에 실릴 것이고 강원홈스테이, 부산홈스테이, 광주홈스테이, 제주홈스테이도 생길 것이다. 서울에서 봤던 많은 게스트가 한국의 다른 도시를 둘러보기 위해 재입국을 할 것이고, 서울, 부산, 제주도뿐만 아니라 다른 지역의 맛과 멋도 발견할 것이다.

숫제. '순박하고 진실하게'라는 뜻의 순우리말이며 내가 참 좋아하는 우리말이다. 엄마가 건강하고 즐겁게, 숫제 서울홈스테이를 오래오래 운영하기를 바란다. 나와 함께.

영어 한마디도 못하던 내가

서울홈스테이 대표 최순례

서울홈스테이를 6년째 운영하면서 14개국 30명의 사람을 만났습니다. 베트남, 미국, 일본, 독일, 캐나다, 러시아, 홍콩, 스페인, 헝가리, 프랑스, 핀란드, 영국, 스웨덴, 튀르키예. 우리 집에서 작은딸과 함께 세계여행을 할 때면 성취감과 보람, 뿌듯함을 느낍니다. 제일 처음 홈스테이를 시작할 때 미국 쏘니가 3개월 우리 집을 예약했고, 엄청 신기했었는데요. 저는 자신감이 넘쳤지만, 우리 딸은 걱정된다고 하면서 계속 떨린다고 하더군요. 저는 콩글리시로 영어와 한국말을 섞어가면서 게스트와 소통했습니다. 영어 한마디도 못하던 제가 홈스테이 이후, 영어를 통째로 외워서 우리 집에 오는 모든 게스트에게 집 주위 슈퍼마켓이랑 데리고 다니면서 얘기해줄 때 진짜 재미있었고 보람을 느꼈습니다. (이전에는 한국인이 외국인과 다니면서 영어로 말할 때 신기했는데, 홈스테이를 하면서 내가 한다는 게 너무 신기하고 웃기기도 했습니다.) 버스정류장에서 우리 게스트들한테 영어로 말하면, 사람들도 신기한지 나를 부러운 눈으로 쳐다봤습니다.

처음 홈스테이를 시작했을 때는 딸의 잔소리 때문에 무지 힘들었어요.

"엄마, 거실에서 큰 소리로 말하지 말고, 방귀 뀌지 말고, 트림하지 말고, 텔레비전 소리 크게 틀지 말고…."

이런 소리를 하고 또 하고 또 하니 저도 너무 신경질이 나서 딸에게 짜증을 자주 냈습니다. 게스트와 제가 갈등이 있을 때마다 딸은 대개 게스트 편을 들어서 이러한 이유로도 많이 다퉜다니까요 '부부 싸움 칼로 물 베기'라는 말처럼 모녀 싸움 역시 칼로 물 베기인 듯합니다. 싸울 때는 서로 홈스테이를 다신 안 한다고 호언장담했지만, 시간이 지나면 또 금세 풀어졌고, 문제가 있을 때는 딸과 의논했고 함께 해결해 왔습니다.

좋은 게스트들이 많았으나, 특히 기억에 남는 세 명의 게스트가 있습니다. 첫 번째는 영국에서 온 댄이라는 남자 게스트인데, 이 친구는 조용하고 정말 예의가 바른 게 인상적이었습니다. 두 번째는 스페인에서 온 빅토리아와 마리아 모녀예요. 스페인에서 가져온 재료로 스페인 요리를 직접 해주었을 때 감동받았습니다. 마지막으로 홍콩에서 온 영아 언니인데, 제가 종종 서비스로 식사를 주면, 그게 정말 고맙다면서 우리 손녀딸 장난감과 과일도 사 왔었어요. 체크아웃한 이후에도 저에게 카톡으로 안부를 물으면서 내가 좋아하는 슬리퍼를 택배로 보내주었습니다. 이 슬리퍼 선물은 평생 못 잊을 것 같고, 지금도 집에서 그 슬리퍼를 쟁여 놓고 신고 있습니다.

집에 빈방이 있는 정년퇴직하신 분들께 홈스테이를 적극 추천합니다. 다른 어떤 일보다 편하게 수입을 얻을 수 있다는 게 가장 큰 장점입니다. 퇴직하고 갑자기 할 일이 없어지면 우울감이 오기 쉬운데, 세계에서 온 젊은 친구들과 가족처럼 함께 지내다 보면 우울할 틈도 없고, 시간도 참 빨리 갑니다. (코로나 2년 동안 홈스테이를 할 수 없어서 아주 심심했습니다.) 혹시라도 영어를 못한다고 해서 걱정할 필요가 전혀 없습니다. 요즘에는 번역기 앱이 참 잘되어있어 외국인과 소통에 큰 불편함이 없습니다. 저 역시 영어를 아예 못해서 처음에는 너무 두려웠지만, 딸이 깔아준 번역기를 통해 소통하고, 또 홈스테이에 필요한 간단한 영어문장은 외워서 하니, 의사소통 때문에 문제가 발생한 적은 거의 없었습니다.

"집이 예뻐요."

"방이 무척 마음에 들어요."

게스트들이 우리 집에 와서 이런 말을 해주면 성취감을 느끼고 기분이 참 좋습니다. 칭찬을 듣고 집안을 늘 청결하고 깔끔하게 하려고 합니다. 무엇보다 우리 게스트들이 하나같이 "아줌마 요리, 너무너무 맛있어요." 표현하면 더욱더 어깨가 으쓱해지면서 입가에 미소가 저절로 나옵니다.

작은딸의 권유로 홈스테이를 하게 됐는데, 비즈니스를 하면서 친구들도 만나고 운동도 다닐 수 있으니 얼마나 좋고 행복한지 모르겠어요. 평생 전업주부로만 살아왔고, 자식 키우는 재미로 살았는데 말이에요. 친구들과의 만남에서는 자식 이야기만 했는데, 이젠 내 이야기와 홈스테이, 게스트 이야기가 주된 화제랍니다. 60이 넘어 '엄마'가 아닌 '서울홈스테이 대표'라는 새로운 타이틀을 얻게 될 줄은 상상도 하지 못했습니다.

어린 게스트들을 볼 때면 우리 자식들같이 예뻐서 서비스도 많이 줍니다. 6개월, 3개월, 1개월, 이렇게 같이 가족으로 살다 헤어지면 아주 아쉬워요. 그렇지만 헤어지더라도 카톡으로 안부를 계속 묻고 있습니다. 아무튼 저는 홈스테이를 운영하면서 재미있고 행복한 시간을 보내고 있습니다. 다음 게스트는 어떤 친구일까요? 오늘도 설렙니다.

사소한 것에 집착할 때 생기는 일들

서울홈스테이 영업사원 윤여름

내 신체 사이즈와는 전혀 상관없지만, TV에 나오는 모델을 보고 '와, 나도 언젠간 모델을 꼭 해보고 싶다.'라는 생각을 했다. 27살 첫 직장인 백화점에서 화장품 영업 관리 일을 했다. 한 브랜드에서 메이크업 쇼를 시작하려던 중 모델이 스케줄을 펑크냈고, 얼떨결에 나는 메이크업 쇼 시연모델이 되었다. 그렇게 모델이라는 꿈을 이뤘다. 대학생 때 줄곧 영어를 가르치는 아르바이트를 했다. 초등학생부터 성인까지 영어를 가르쳤는데, 문득 한국어를 가르쳐보고 싶다고 생각했다. 한국어 교육 자격증은 없었지만, 외국 웹사이트에 내 정보를 반신반의하며 올렸고, 한국에 잠깐 출장 온 독일 사람이 나와 함께 한국어 회화를 공부하고 싶다고 하여 그렇게 내 한국어 선생님 꿈도 이루어졌다.

학생 때 여행을 다니면서 게스트하우스에서 지냈다. 몸은 조금 불편하지만, 같은 나라를 여행하는 다른 나라 사람들을 만나며 이야기할 수 있는 게스트하우스에 매료되었다. 그 이후 게스트하우스 사장님 또한 내 꿈 리스트에 올라와 있었다. 그리고 결국, 나는 우리 집에서 홈스테이를 시작했다. 이렇게 계속 나의 작은 꿈을 하나씩 이뤄나갔다. 하지만 엄마가 없었더라면 서울홈스테이를 시작할 수 없었을 것이다.

2011년 갑자기 아버지가 돌아가셨다. 너무나 갑작스러웠던 죽음이라 우리 가족 모두의 충격은 쉽게 가시지 않았다. 시간이 지나면 지날수록 엄마는 더 슬퍼 보였다. 언니는 일찍 결혼해서 가정을 꾸렸고, 남동생도 결혼 후 유학을 갔다. 우리 집에 남은 건 엄마와 나뿐이었지만, 나 역시 생계로 뛰어들어 엄마를 잘 돌볼 수 없었다. 나는 아빠를 애도할 시간도 없이 돈 벌기 바빴다. 언제부턴가 엄마 얼굴에 미소가 사라졌다. 엄마 얼굴은 미래에 대한 근심과 걱정, 그리고 무엇보다 외로움이 가득해 보였다. 아빠와 언니, 동생이 집에 없으니 가사도 줄었고, 평생 전업주부로 살아오신 엄마가 밖에서 할 수 있는 일은 많지 않았다.

"저는 쓰레기 문제에 대해 계속해서 생각하고 고민했기 때문인 것 같아요. 종이컵 사용이 되게 심각하네! 라는 생각에서 멈추지 않고, 종이컵 쓰레기 문제에 대해서 계속해서 집중하고 집착했기 때문이죠. 그런데 사실 생각해보고 나니, 이 집착은 한 사람을 향한 사랑에서 나왔던 것 같습니다. 바로 엄마에 대한 사랑이죠. 제가 엄마를 너무 사랑했기에, 엄마의 종이컵 쓰레기를 조금이라도 줄여드리고 싶었던 것입니다. 그리고 그 생각은, 행동으로, 그 행동은 결국 변화로 이어졌습니다. 제가 만약에 엄마를 사랑하지 않았더라면 이런 발명은 못 하지 않았을까요? 세상을 바꾸는 발명의 시작은 누군가를 사랑하는 마음과 작은 것에 대한 집중과 집착인 것 같습니다."

– 박준서 「세바시」 강연 1,058회

그렇게 내 눈에 우리 집 빈방이 눈에 들어왔다. 홈스테이는 분명 엄마의 특기를 살릴 수 있고, 엄마 스스로 돈을 벌면서 자존감도 높이고 외로움도 달랠 수 있을 거라고 확신했다. 물론 오래전부터 품어왔던 나의 게스트하우스 사장님의 꿈도 한몫했다. 하지만 무엇보다 엄마에 대한 사랑으로, 엄마를 위해 내가 무엇을 도와주면 가장 좋을까 끊임없이 생각했고, 행동으로 옮겼다.

낯선 외국인을 집에 어떻게 들이냐며 외면하던 8년 전의 우리 엄마는 이제 온데간데없이 사라졌다. 지금은 어떻게 하면 집에 더 많은 외국인 게스트가 올 수 있을까 고민하는 적극적인 서울홈스테이 사장님이다. 외국인과 동네를 휘저으며 영어를 할 줄 모르는데도 당당하고 유쾌하게 그들을 도와준다. 그리고 많은 이들의 부러운 눈빛을 받는다. 2015년 홈스테이 시작을 이래로 서울홈스테이는 엄마와 나, 그리고 우리 삶의 많은 것을 바꾸어 놓았다.

게스트가 담은 서울

댄, 매티아스

memo

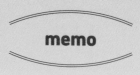

웰컴 투 서울홈스테이

초판1쇄 2022년 8월 9일 **지은이** 윤여름 **펴낸이** 한효정 **편집교정** 김정민 **기획** 박자연, 강문희 **디자인** purple **마케팅** 안수경 **펴낸곳** 도서출판 푸른향기 **출판등록** 2004년 9월 16일 제 320-2004-54호 **주소** 서울 영등포구 선유로 43가길 24 104-1002 (07210) **이메일** prunbook@naver.com **전화번호** 02-2671-5663 **팩스** 02-2671-5662
홈페이지 prunbook.com | facebook.com/prunbook | instagram.com/prunbook

ISBN 978-89-6782-172-2 03910
ⓒ 윤여름, 2022, Printed in Korea

값 16,000원

이 도서의 국립중앙도서관 출판예정도서목록(CIP)은 서지정보유통지원시스템 홈페이지(http://seoji.nl.go.kr)와 국가자료공동목록시스템(http://www.nl.go.kr/kolisnet)에서 이용하실 수 있습니다.

이 책은 저작권법에 따라 보호받는 저작물이므로 무단 전재와 무단 복제를 금지하며,
이 책 내용의 전부 또는 일부를 이용하려면 반드시 저작권자와 출판사의 서면 동의를 받아야 합니다.